季刊 考古学 第9号

特集 墳墓の形態とその思想

● 口絵(カラー) 腕のない屈葬人骨 長野県湯倉洞穴遺跡
　　　　　　　 支石墓と配石墓 佐賀県大友遺跡
　　　　　　　 律令官人の墓 奈良県太安萬侶墓
　　　　　　　 近世大名の墓 仙台藩主伊達氏3代の墓
　（モノクロ）集落とストーンサークル
　　　　　　　 方形周溝墓と墳丘墓
　　　　　　　 隼人の墓(地下式板石積石室)
　　　　　　　 えぞ族長の墓

墳墓の考古学 ——————————————— 坂詰秀一 (14)
墳墓の変遷
　森と浜の墓(縄文時代) ——————————— 永峯光一 (18)
　支石墓と配石墓(弥生時代) ——————— 藤田　等 (23)
　古墳群の変遷(古墳時代) ——————— 丸山竜平 (27)
　律令官人の墓(奈良時代) ——————— 前園実知雄 (32)
　平安京の墓(平安・鎌倉・室町時代) ——— 寺島孝一 (37)
　武将の墓(鎌倉～安土桃山時代) ——— 日野一郎 (42)
　大名の墓(江戸時代) ——————————— 伊東信雄 (46)

墳墓と信仰
　ストーンサークルの意義 ───────── 水野正好 *(50)*
　土偶破砕の世界 ─────────── 米田耕之助 *(55)*
　洗骨の系譜 ─────────────── 國分直一 *(57)*
　方形周溝墓と墳丘墓 ──────────── 茂木雅博 *(59)*
　赤色の呪術 ─────────────── 市毛　勳 *(64)*
　モガリと古墳 ────────────── 久保哲三 *(66)*
　隼人の墓 ──────────────── 上村俊雄 *(71)*
　えぞ族長の墓 ────────────── 伊藤玄三 *(73)*
　買地券の世界 ────────────── 間壁葭子 *(75)*
　禅僧の墓 ──────────────── 中川成夫 *(77)*

最近の発掘から
　飛鳥の終末期古墳　奈良県高取町束明神古墳 ─── 河上邦彦 *(79)*
　鎌倉～江戸後期の集石墓　北九州市白岩西遺跡 ─── 前田義人 *(85)*

連載講座　古墳時代史
　9．古墳の終末 ─────────────── 石野博信 *(87)*

書評 ──────── *(93)*
論文展望 ────── *(95)*
文献解題 ────── *(97)*
学界動向 ────── *(100)*

表紙デザイン／目次構成／カット
／サンクリエイト・倉橋三郎
表紙写真／佐賀県教育委員会提供

腕のない屈葬人骨 ── 長野県湯倉洞穴遺跡

長野県上高井郡高山村の湯倉洞穴遺跡で検出された、洞穴の奥に向けて埋葬した右側臥の屈葬人骨。上半身が下へよじれて俯せになっているのは二次的な状態で、左背にのっている岩塊も、当初からの位置ではないとみられる。左腕全部と右腕の肘関節以下の骨が検出されなかった。埋葬するとき、すでにそれらの部分を失なっていたと考えられる。縄文時代早期の押型文土器を伴う熟年の女性である。

　　　　構　成／関　　孝一
　　　　写真提供／高山村教育委員会

湯倉洞穴

座位屈葬の熟年女性

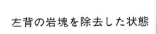

左背の岩塊を除去した状態

支石墓と配石墓 —— 佐賀県大友遺跡

佐賀県東松浦郡呼子町の大友遺跡は、玄海灘に向かって突出した東松浦半島の北端にあり、弥生時代前期から後期前半の遺跡である。北は壱岐・対馬を中継地として朝鮮半島へ、東は末盧・伊都・奴に通じる位置にある。しかし、住民は西北九州型の人々であり、南海産の貝輪を愛用し、抜歯風習も後期前半まで残している。

構成／藤田 等

支石墓
57号墓（手前）と58号墓。57号墓の上石は210×170cm、厚さ20〜24cm。

支石13個。隅丸長方形の土壙で、被葬者は仰臥屈葬。右前腕に貝輪。

土壙の下から出土した敷石墓

配石墓
17号墓（右）と18号墓。18号墓は抱石がみられる。

律令官人の墓──奈良県太安萬侶墓

『古事記』の編者で、奈良時代の律令官人でもあった太安萬侶の墓は、平城京から東に山を越えた田原の里にあった。この付近には春日宮(志貴皇子)陵や光仁陵もあり、平城京北方の佐保山丘陵、西方の生駒谷などとともに、ここもまた奈良時代の公に定められた葬地である可能性が強くなった。太氏の氏上である安萬侶もまた、官人としてこの地に葬られたのであろう。

　構　成／前園実知雄
　写真提供／県立橿原考古学研究所

太安萬侶墓遠景(南向きの日当りのいい丘陵斜面)

木炭槨と墓誌出土状態(墓誌はなぜか下向きにあった)

墓誌

発掘後の墓壙

近世大名の墓──仙台藩主伊達氏3代の墓

政宗墓副葬の金ブローチ　径3.8cm

初代政宗の石室内部　白いのは棺に詰められたカキ灰の散乱したもの。手前の角材は前後を切り詰めた駕籠の担ぎ棒。中央に政宗の頭骨が見える。左隅に副葬品が一括して置かれている。

2代忠宗の石室南側の石積

忠宗墓副葬具足胴　高さ47cm

3代綱宗の石室内部　石室の中に木室があり、両者の間には天井に至るまでカキ灰が詰められていた。木室内には木箱に納められた甕棺が吊台に載せられた姿で安置されていたが、木箱はほとんど腐朽していた。

綱宗の親不知歯を容れた石櫃
石室の天井石の上に置かれていた
構成／伊東信雄　写真提供／瑞鳳殿

集落と
ストーンサークル

構 成／水野正好

縄文時代の集落は、広場・住居・廃棄空間を同心円構造で配置する基本設計をもつ。集落の中核―聖核である広場をめぐる重要な遺構にストーンサークルがある。広場の聖心をとりまく内帯タイプ、広場内の外帯に連なる外帯タイプ、内・外両帯に設けるタイプなどが見られる。最近発掘された岩手県西田遺跡の墓壙とストーンサークルを重ねる時、興味ぶかい想念が湧き出ることであろう。

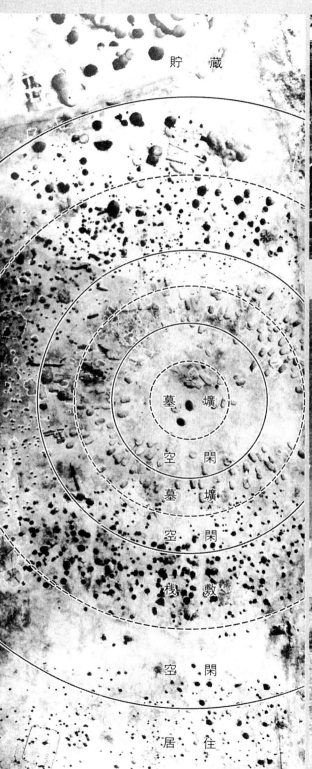

岩手県西田遺跡（岩手県教育委員会提供）

静岡県上白岩遺跡（中伊豆町教育委員会提供）

静岡県千居大石原遺跡（小野真一氏提供）

秋田県大湯野中堂遺跡（『大湯環状列石』より転載）

方形周溝墓と墳丘墓

方形周溝墓は九州から東北地方まで汎日本的な範囲に分布するが、墳丘墓は吉備から山陰地方に集中し、弥生時代中期後葉から後期初頭に現われる。いずれの墓制も古墳の出現と無関係であったとは思われない。

東京都八王子市宇津木向原遺跡
1964年7月発見され、大場磐雄博士によって「方形周溝墓」と命名された記念すべき遺跡である。

茨城県東海村須和間10号墓
1967年から5次にわたって発掘調査が行なわれ、方形周溝墓に盛土の存在が認められた。

岡山県倉敷市楯築墳丘墓
1976年から近藤義郎教授によって発掘調査が行なわれ、直径40mほどの円丘に2ヵ所の突出部を有する墳墓が確認されている。「墳丘墓」提唱の基本となった遺跡である。

島根県安来市宮山Ⅳ号四隅突出型方墳
1974年、近藤正氏らによって発掘調査が行なわれ、貼り石を有する四隅突出型の方墳であることが確認された。

構 成／茂木雅博

隼人の墓
（地下式板石積石室）

隼人の墓制には地下式板石積石室・地下式横穴古墳・立石土壙墓の3型式がある。小松原古墳例は従来知られていたタイプの地下式板石積石室である。一方、湯田原古墳例は地表上に円墳状の封土をもち、板石積石室そのものも地表上に構築され、これまで全く知られていなかった新しいタイプのもので、畿内型高塚古墳の影響がうかがえる。

構成／上村俊雄

鹿児島県鶴田町小松原7号墳
県道に露出していた地下式板石積石室の断面

鹿児島県鶴田町湯田原古墳
円墳状の封土を剝ぎとった状態

湯田原古墳　板石積石室上の副葬品
右側に長刀、左手前に短剣と鉄鏃

湯田原古墳　板石積石室の内部構造
円形石室。盗掘の痕跡が認められる

えぞ族長の墓

古代の東北は「えぞ」の住地であったが、その地の墳墓には伝統的な径10m前後の円墳に横穴式石室系の河原石積石室を造るものが多い。副葬品としては、直刀・蕨手刀・鉄鏃・勾玉や小玉などの玉類のほか、農具・工具・馬具などが見られる。とくに注目されるのは和同開珎や銙帯金具などで、律令政権との関わりの濃厚な遺物も含まれる。

構　成／伊藤玄三

岩手県猫谷地第2号墳石室

岩手県長沼古墳出土の蕨手刀
（和賀町教育委員会蔵）

岩手県熊堂古墳出土の和同開珎
と耳環、勾玉（平野立晃氏蔵）

岩手県西根縦街道古墳
出土の銙帯金具

季刊 考古学

特集

墳墓の形態とその思想

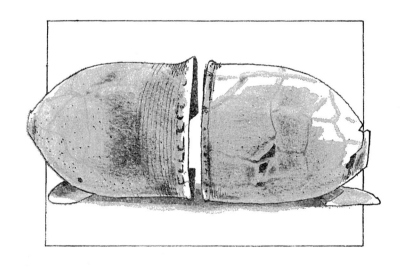

特集 ● 墳墓の形態とその思想

墳墓の考古学

立正大学教授 坂詰秀一
（さかづめ・ひでいち）

墳墓の形態は社会の実情を示し，造営の次第は葬制の実態と技術水準を，また副葬品のあり方は文化と埋葬の思惟を推察させる

1 墳墓研究の重要性

　考古学の研究において墳墓の占める位置はきわめて重要である。墳墓は，人類のみが同胞の死に際会して営む埋葬施設であって，そこには人類社会の宗教・文化をはじめとする諸様相が具体的に反映されている。

　墳墓の形態は社会の実情を示し，造営の次第は葬制の実態と技術の水準を推察させ，副葬品の種類とそのあり方は文化と埋葬の思惟を恒間見るのに有用である。

　墳墓の発掘と研究によって明らかにされた歴史事実は，南メソポタミア・Ur 王侯墓によるシュメール文明の内容解明，モンゴル北部・Noin-Ula 匈奴有力者墓による漢代文明の伝播とその実態認識，同じく東南アジア雲南・石寨山古墓に見られる金印「滇王之印」検出による漢・武帝と滇王との交渉の証明，さらに中国・殷墟における多くの王族墓の示す殷王朝の姿，またエジプトの初期王朝より末期王朝にいたる諸王墓の調査を軸とする各王朝・王国時代の段階的内容の究明など，ほんのわずかの例を挙げたのみでもそれの重要性を示して余すところがない。

　日本考古学においても，埋葬の実態を通して縄文時代と弥生時代，弥生時代と古墳時代，古墳時代と飛鳥〜奈良時代の社会的変容が説かれているが，それは取りも直さず，歴史的発達の段階が墳墓形態の変遷にその側面が見られることを示している。墳墓の研究は，日本の考古学にとって中心的課題の一つとして古くより多くの先学によって取り組まれてきており，最近における発掘調査の増加によって必然的に墳墓関係の資料も飛躍的に蓄積されるにいたっている。かの高松塚古墳に見られる壁画の発見に象徴的に示されたように，考古学上の発掘が国民的な関心をもって迎えられている現状ではあるが，一方においては，例えば縄文時代の埋葬資料より当時における社会状況の復原を試みると言う意欲的な方向なども見られることをも注視することが要望されるのである。

2 トータルな墳墓研究の回顧

　墳墓の変遷を歴史的にかつトータルに把握するには考古学的資料を核とした分析と研究が不可欠である。事実このような試みは，古くより考古学者によって試みられてきた。

　1902年，八木奘三郎は『考古便覧』を公けにしたが，この論文集に「墳墓の沿革」と題し，考古学的資料を中心として墳墓の変遷を8期に分けた論文が収められている。すなわち，

墳墓 ｛ (甲) 高塚時代 ｛ (イ) 第1期 / (ロ) 第2期 / (ハ) 第3期
　　　(乙) 卒塔婆時代 ｛ (ニ) 宝塔（第4期）/ (ホ) 多重塔（第5期）/ (ヘ) 五輪（第6期）/ (ト) 宝篋印塔（第7期）/ (チ) 板碑（第8期）/ (リ) 無縫塔（第9期）

と区別したのである。この時期区分は，資料そのものは考古学的なそれを活用しながらも，第1期は「伊弉諾伊弉冉二尊の開国より神武天皇まで」，

第2期は「神武帝より推古帝まで」,第3期は「推古以後奈良朝の末」と位置づけ,また,第4期以降の卒塔婆時代については「1時期に当つるに一種の塔婆を以てせしは単に便宜上重なるものを挙ぐるに過ぎず」としたものであった。

高塚時代の存在を古墳より歴史的に位置づけ,平安時代以降の墳墓を墓標としての卒塔婆資料に求めた方向は,当時における学界の一つの動きを反映している。

古墳の立地と形状,周濠・陪冢・埴輪の存在,棺・槨のあり方,副葬品の性格などに着目し,また,横穴の構造より前・後期に2分していることは,「板碑年代一覧表」の収録とともに現在においても注目されてよい着想であった。

しかしながら,高塚時代と言う特徴的な一時期を設定しながら,一方,歴史的な発達面を考慮せずに卒塔婆時代を後続位置づけたことは八木自身も述べているように,まったく便宜的なものではあったが,墳墓の変遷史を考える上に注目さるべき設定であった。それは当時における考古学界の認識を示すものであった,とも言えるであろう。

その30年後,1932年に後藤守一は『墳墓の変遷』と題する一書を公けにした。A5判,197頁の本書は56の挿図を配したものであり,考古学的資料を活用した日本墳墓の変遷史であった。

先史時代・原史時代の墳墓より奈良時代の墳墓をへて中世の墳墓・江戸時代の墳墓と筆を進めたこの著書は,小冊ながら墳墓の変遷を要領よく纒めたものと言えるであろう。

先史時代の墳墓において屈葬・伸展葬の区別を指摘し,甕被葬・抱石葬・甕葬などの存在について触れている。原史時代の項においては,甕棺の時代を前漢末に中心をおいて把え,ついで古墳とその時代についてかなりの頁を割いている。とくに前方後円墳の築造を「西紀2・3世紀頃には既に形を整へ4・5世紀代」に発展の極に達したと説いている。そして「墓主の推定は極めて困難であり,或は不可能かも知れない」とし,その推定は「恰かも1升の米粒の1に印をつけ,目隠しをして此を其1升の中から拾い上げる如きもので,所謂6万4千8百27分の1の可能性があるに過ぎぬといはれたが,実際に近い言かも知れない」と述べていることはきわめて示唆に富んでい

る。また,奈良時代の墳墓を「上古時代と平安朝以後との中間」の一種の過渡文化の所産として理解し,古墳の制を遺存しながらも火葬を採り入れ,骨壺を用い,ときに墓誌を併葬することを特徴として把えたのである。

中世の墳墓は,平安時代より室町時代末までを包括し,「通じて火葬墳の時代」とされ,墓標の樹立に着目した。とくに「藤原時代以降の皇陵」項を設け「貴族・豪族の墳墓変遷の大体を示す」との観点より文献資料をもとにそれを大観していることは注目されよう。また,墓標として宝塔・多宝塔,石層塔,宝篋印塔,五輪塔,卒塔婆について各地の資料を挙げて説明を加えていることは,かつての八木の沿革と異なり,紀年銘を主とする銘文によっているだけに説得力のある記述であった。江戸時代の墳墓は,通じて火葬であり墓標の塔形が減じ碑が多用されることを指摘したが,ただ,この項は挿図1頁分を含めてわずか4頁を割いているに過ぎないことは,当時における江戸時代墳墓研究の状況を示しているものと解されるであろう。

このように若干の特徴的な内容について触れながら後藤の変遷を見てくると,そこには考古学的資料を用いた墳墓史の構築が可能であることを知ることができるであろう。

日本考古学の黎明期に活躍した八木奘三郎,昭和前半期の学界をリードした後藤守一,この2人の先学によって試みられた墳墓の変遷史を改めて紐解いて見るとき,われわれは,そこにトータルな墳墓研究の意欲を感じることができるのであ

八木奘三郎「墳墓の沿革」
(『考古精説』1910)

後藤守一『墳墓の変遷』
(1932)

る。因みに，後藤の『墳墓の変遷』を凌駕するトータルな著書は，50余年を経た現在まだ刊行されていない。

3 新たなる墳墓形態の確認

　日本の考古学は，一つの切っ掛けによって思わぬ方向に発展していく。関東ローム層中に存在する先土器文化の存在が知られると，その確認が汎地域的になされ，発見後10年を待たずにそれの編年案が作成されたことを想起するまでもなく，新しい知見が得られると陸続と同資料の発見がもたらされる。

　1951年に原田大六により福岡県糸島郡石ヶ崎において支石墓が確認されると，福岡県内はもとより佐賀県においても同種遺跡が見出されるにいたった。支石墓類似遺跡については，古く1899年に発見され，1917年に調査がなされた福岡県須玖岡本のD地点において見出されていたにもかかわらず，その「大石は甕棺を保護する特殊の装置」と報告されていたに過ぎなかった（島田貞彦『筑前須玖史前遺跡の研究』京都帝国大学文学部考古学研究報告11，1930）。石ヶ崎の調査は，原田の努力によって正しく支石墓であることが示されたにもかかわらず（「福岡県石ヶ崎の支石墓を含む原始墓地」考古学雑誌，38―4），一部学界の注目を受けたに止どまっていたが，1952・3年に佐賀県葉山尻，53年に福岡県支登の支石墓が発掘調査されるにおよんで，日本における支石墓調査は学界の注視をうけるにいたり，その分布も長崎・熊本・大分の各県にわたっていることが明らかにされたのである。かかる成果は，1936年に韓国大邱大鳳町の支石墓を調査した経験のある藤田亮策によって「日本にもドルメン文化の伝来あり」との見解が公けにされるにいたったのである（「支石墓雑記」考古学雑誌，38―4）。そして1957年には，葉山尻支石墓調査の中心であった松尾禎作の還暦を賀して松尾の『北九州支石墓の研究』が上梓された。日本における支石墓の確認は，原田の調査事実による指摘，それを追認するにいたった葉山尻そして志登の発掘によって急速に進展したのであった。これによって日本墳墓のあり方に一つの形態が改めて追加されたことになったのである。

　近似する新しい墳墓の確認として方形周溝墓の発見がある。1964年の夏，東京都八王子市の宇津木地区において，方形に溝をめぐらした4基の遺構が発見された。1号は7.4m×6.05m，2号は6.25m×5.5m，3号は6.82m×6.64m，4号は9.7m×7.9mの大きさを有し，周溝は1〜3号は幅50〜80cm，深さ50〜80cm，4号は幅約2m，深さ約1mであった。2・3号にはそれぞれ舟形状の土壙が検出され，2号壙中よりガラス玉8，3号壙中よりもガラス玉1が出土した。また，2号と3号の溝が一部連結し，1号と2号はともに溝の一隅が切れていた。そしてこれらの周溝の中よりは弥生後期の前野町式土器が出土したのである。この遺跡の調査担当者・大場磐雄は，発掘の当初「方形周溝特殊遺構」と仮称して学会発表をされたが，後，墳墓であることを確信して「方形周溝墓」と命名されたのである（『宇津木遺跡とその周辺―方形周溝墓初発見の遺跡―』1973）。

　宇津木遺跡における方形周溝墓の検出が学界に伝えられるや，すでに同種遺構の発掘がなされていた諸例の再検討をはじめ，各地において類似遺構が発掘されるようになっていった。とくに鈴木敏弘を中心とする原史墓制研究会は方形周溝墓に関する文献目録・研究史を纒め『原史墓制研究』1〜5（1973〜77）として発表し学界を大いに益するところがあった。これらの意欲的研究によって，今や方形周溝墓の研究は，弥生時代より古墳時代にかけての墳墓形態の一として確固たる位置を占めるにいたったのである。

　古墳時代を代表する古墳の形態は前方後円墳であるが，それに対して前方後方墳の存在がかなりの数をもって確認されるにいたったのも一つの切っ掛けによってであった。それは1951年に山本清が発表した「出雲国における方形墳と前方後方墳について」（島根大学論集1）と題する論文であった。この論文において山本は出雲地方に9基の前方後方墳の存在する事実を指摘されたのである。ついで山本論文に呼応するかのごとく栃木・茨城両県で前方後方墳の発掘調査が実施され，学界の注視を一挙に受けるようになった。かかる前方後方墳は，かねてより前方後円墳の一変形とも考えられてきていたのであるが，その後，大塚初重によって研究が進められ，それの集成的研究がなされて画期的な前方後方墳論が学界におくられるにいたったのである（「前方後方墳序説」明治大学人文科学研究所紀要1，1962）。ここにいたって前方後方墳は，前方後円墳と並んで代表的な古墳形態として把えられるようになり，その分布もかなり広汎

な地域におよぶことが明らかにされてきているのである（茂木雅博『前方後方墳』1974）。

4 墳墓研究の課題一・二

　日本における墳墓のあり方について考えを廻らすとき，それぞれの時代によって問題点が山積していることに気付くであろう。以下，その点に関して若干の私見を述べ，墳墓研究の課題例の一つとしたいと思う。

　縄文時代における埋葬の実態について20数年以前に調べたことがあった。いまでもそれを思い出して時折り新しい関連文献に眼を通しているが，その頃に感じた疑問がいぜんとして氷解していない。その一つは，いわゆる配石遺構は墓である，という見解に対するささやかな疑念である。神奈川県金子台遺跡のように明らかに人の歯の検出が認められた例については墓として考えることもできるであろうが，下部に土壙をもたぬ遺構の場合をも含めて，すべてそれと断じてよいものであろうか。周知のように縄文時代の埋葬資料の多くは，貝塚遺跡より見出されており，例外的には青森県下の二・三の遺跡例に見られるような人骨収納甕棺墓などがあるに過ぎない。貝塚より見出される埋葬人骨にあってはその上部に石を配している例はほとんどない。それは後に除去されたとも考えられるが，それにしてはその痕跡も認められぬことは不可解である。貝塚と配石遺構の分布をそれぞれ見ると，前者は海岸近く，後者は内陸部に立地している例が多い。海岸部と内陸部とでは葬法が異なっていたのであろうか。この点に関する検討も一つの課題であろう。

　かつて，古墳築造に際しての祭祀に関する問題について一文を草したことがある。それは千葉県塚原の前方後円墳調査の折に確認した一つの事例よりの想起であった。全長約 35m，後円部径約 15m，前方部残存幅約 3m，後円部高約 3.2m，前方部高約 1m を有する前方後円墳の主体部は粘土槨の破壊されたものであったが，その下部に壺形土師器数個分を破砕して敷きつめ，粘土の周囲よりは手捏小形土器5点が検出された。さらに，主体部直下の墳丘築造以前の地表面より手捏小形土器2点が焼土とともに見出された。かかる事例は古墳築造時に地主神に対して祭祀が行なわれた可能性を考えることができるのではあるまいか（「古代日本人の死後感」大法輪 47—10, 1980）。古墳

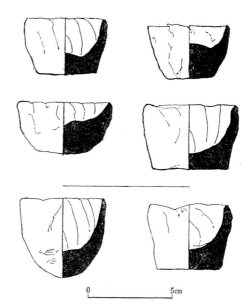

千葉県塚原古墳出土の手捏小形土器
（上2段・主体部，下段は墳丘下部出土）

の発掘は全国的に実施されているので，類例が検出されているかも知れぬが，古墳築造に際しての祭祀の痕跡について具体的に把握することも一つの課題であろう，と考えるのである。

　このように埋葬形態の地域的相異，あるいは墳墓造営に伴う祭祀の痕跡に関する所見，の検討などについては将来に問題を残しているということができよう。

　墳墓の研究は，先土器時代より現代にいたるまでそれをトータルに把握することが要望される。しかしその研究はまだ充分ではない。とくに考古学的視点より展望するとき，中世以降の墳墓の実態が不明瞭である。今後とも中・近世墳墓に対する学界の関心の深まりが期待される。

　近年，ドイツのH・シュトル（H. Stoll）などは，高塚墳墓における埋葬順序の推定にもとづいて人口の動態を明らかにする方向を示すところがあった。かかる成果は，中世考古学における墳墓の調査結果を資料として，人口動態とその歴史的背景——中世集村の形成と土地開拓——を分析したものであり，一つの研究の視角を示している。もって他山の石とすべき方法であろう（野崎直治「中世考古学の成果と課題」早大大学院文学研究科紀要 22, 1976）。

　墳墓の考古学は，まだ緒についたばかりであり，より将来のトータルな方法論の深化と既知資料の分析的研究に期待が寄せられるのである。

特集 ● 墳墓の形態とその思想

墳墓の変遷

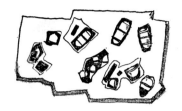

古代から近世へ，日本の墳墓はどのような変遷をたどってきたであろうか。それぞれの時代の特徴をとらえながら解説していく

森と浜の墓／支石墓と配石墓／古墳群の変遷／律令官人の墓／平安京の墓／武将の墓／大名の墓

森と浜の墓（縄文時代）

國學院大学栃木短期大学教授
永峯 光一
（ながみね・みつかず）

縄文社会において，埋葬に関しては素掘りの土壙が最も基本的な形式として存し，そして埋葬体位の本流は屈葬であった

1 葬制と墓制

原始の人々にとって，死は単に個人的な出来事に止まらず，社会的存在としての個人の生の終焉を意味した。したがって，遺体の処理や葬送の儀礼は，一社会の死者に対する行動として現われる。そこに根強い風俗習慣，あるいは社会的な規制と呼ぶべき「かたち」が形成され，葬制として生者の意識と行為とに伝承され，遵守される。当然のことながら墓制もその一環として存在する。

葬制には多数の形式があり，それぞれが地域的にも年代的にも，大きな拡がりと深い奥行とを示す。縄文社会における葬制・墓制の諸形式には，縄文社会以外の社会に共通項が多い。しかし，平行進化的に各社会それぞれに類似した形式が発生した結果，縄文葬制・墓制は周囲の社会と関係なく展開したのか，反対に異文化の社会から伝来したのか判定することのできる資料の集積は，未だ不充分である。そこで，縄文葬制・墓制をありのままに眺めていくと，遺骸の処理においては埋葬が，埋葬の体位としては屈葬が一貫して主流をなしていたことがわかる。

2 墓壙と墓域

縄文社会では，埋葬に際して遺骸の状況に合せた素掘りの土壙が，もっとも基本的な形式として存する。しばらくは小判形，または円形の墓穴として作り続けられたが，後期になると石を用いて構築した施設を付随した場合が一般化して，晩期に及んでいる。標識としての配石・積石を伴う配石墓，墓壙を石で囲ったり，蓋をしたりする石棺墓などと名付けられ，関東・中部両地方に分布するとともに，東北地方北部の限られた地域にもみられる。関東・中部両地方では，敷石住居の拡散域とほぼ一致し，東北地方の場合は，後期前半の甕棺墓分布域と重複する。

また，関東・中部では往々にして祭儀のための施設と考えられる各種の配石遺構と密接な関係のもとに営まれており，その頃，葬儀の場と他の祭儀の場と相接しながらも分離される空間規制が定形化していて，その源は少なくとも前期後葉にまで遡ってたどることができるという見解がある[1]。

縄文集落における墓域の空間規制は，中期中葉の岩手県西田遺跡にその典型をみることができる。舟底形の土壙墓が長軸を集落の中心に向けて放射状に配置され，円形の中心圏を形成し，その外周を長方形柱穴列，さらに貯蔵穴域と住居域とが環状をなして取り巻く形である。西田遺跡のみでなく，環状または馬蹄形状をなす集落の中心部

が墓域によって占められる規制は，中・後期の拠点集落と呼ばれる規模の大きな集落の多数例で，同様な形を指摘することが可能である。そしてさらに古く，長野県阿久遺跡でも，前期後葉になると集落構成の環状規制の成立が認められる。すなわち，中心の立石群を取り巻いて土壙帯が存し，外側を集石群帯がめぐる。その2帯にまたがって方形柱穴列として残る構造物が散らばり，そして外縁は住居群が囲繞するという3重の構造であるという。内圏の土壙は，A）平板状あるいは立石である角柱状の比較的大きな石を伴う種類，B）拳大の礫を数個伴う種類，C）石や礫を伴わない，3種に分類されるけれど，700基をこえる総数のうち，A，Bはそれぞれ80基前後にすぎず，大多数はCで，時期的には前期後葉に偏する。それら土壙のすべてが墓壙であるわけではないが，出土遺物のとくに多いものを除くA・B両種や，底面が平坦な場合のCなどは，形態的にも状況的にも墓壙，あるいは墓壙以外の性格を考えにくい存在である。しかも，規模としては長径100cm以下が大半を占め，とりわけ60cm以下が30%にものぼることから，再葬墓としての蓋然性が考えられている。そして墓壙帯の外殻をなす集石群もまた，再葬儀礼に関係する施設であって，阿久遺跡後半の集落構造は，蓼科山の信仰と祖先崇拝が結合した複数の同族集団の共同祭場が中心であったという所見が導き出されてくる[2]。これに対し，阿久遺跡などの配石が山岳崇拝を本質とする儀礼施設とはみなし難いという説や[3]，多数の墓壙と小数の住居址というアンバランスは，必ずしも複数集団の存在を背景にしないとする所論もある[4]。

他方，墓域が集落の中心とならない構造もある。東関東の貝塚地帯における貝ノ花貝塚では，集落の中央広場は文字通り空白地帯であって，51体にのぼる中期末以降後期中葉に至る埋葬人骨は，馬蹄形に投影される貝層帯から検出されている[5]。同じく馬蹄形貝塚の姥山貝塚でも同様であって，狭い一地点から中・後期にまたがる42体もの埋葬人骨が姿を現わした[6]。

墓の標識という意味では，いわゆる環状列石を逸することはできない。秋田県大湯環状列石墓の原景を復元すれば，それぞれ一単位をなす石組が2重の環をなして並列集合したものであった。おのおのの石組単位には，中心に立石があるもの，

放射状の覆石のあるもの，四隅に立石をもつもの，あるいは折衷形など各種の類型があって，調査された14例のうち，10基の下部に小判形の土壙が検出された。屈葬体位の埋葬をすればできる程度の法量である[7]。大湯例は後期初頭であるけれども，中期の岩手県樺山例，前期の長野県上原例がある。

さて，大湯のような単位石組下の土壙だけでは，それを墓壙と判定しきれない点がある。しかし，他に墓壙とする蓋然性が強い類例が存することとともに，ことに北海道における環状列石調査の進展が，墓域施設であることを裏付けたといってよいであろう。北海道の環状列石墓は，ちょうど大湯などの単位石組を大きくしたような状態であって，それらが数基ないし十数基群存し，中には一部に土壙を併存する場合がある。深川市音江環状列石を例にとれば，1石組単位の直径は2mから5mほどで，周縁に低い列石をめぐらし，その中に覆石がある。覆石下部の墓壙は楕円形で，個々の法量の差が著しい。石敷の場合もある壙底からは，石鏃，多数の硬玉製飾玉，朱漆塗の弓などが副葬されていた例もある[8]。北海道の環状列石墓は，後・晩期に属し，配石や副葬品などにうかがえるように他地方とは異なった発達をしたが，最近，同時期に周堤墓（環状土壙）の発掘例が数を増して，縄文本土北辺末期墳墓の様相は，一層複雑さを加えるに至った。

周堤墓は，まず数mから数十mに達する直径の円形竪穴状掘込みを作り，排土を周囲に盛り上げて周堤とし，その内部に5基ないし20基ぐらいの長楕円形の墓壙を営むものである。埋葬に先立って墓域が明瞭に区画される点に大きな特色がある。全容がはじめて知られたのは恵庭市柏木B遺跡であるが，千歳市キウス墓群がもっとも規模が大きい[9]。

前述のように，縄文社会の墓制として基本的で普遍的な形式は土壙墓であった。埋葬に際しては墓穴が必要であり，その上，埋葬が遺体処理の主流であったから，当然のなりゆきといえるだろう。そして，それらの土壙墓を標識するごく簡単な石積みは，かなり古くから現われはじめるにしても，それが一部に説かれるように早期に及ぶかどうか定かではない。分布は日本列島の主要部分を覆っている[10]。しかし，方法としてもっとも単純なだけに，もっとも長年代にわたって多用され

たのである。このような石積みが急に意図的で多彩な配石に変ってくるのは後期以降であるが，それでもこの種の石積みは依然として作り続けられている。同じ頃，墓壙内部の石組みが始められ，晩期にかけて各種石棺墓の展開となる[11]。

　墓域をあらかじめ設定する行為は，北海道の周堤墓にもっとも顕著である。だが，集落の空間規制が土器の数型式，あるいは数世代にわたって継承されると，おのずから墓域，祭場，居住域などの区分が成立するであろう。東日本の中期の大きな集落では，すでに一定の「かたち」をとっているものがあるようだ。中期にとどまらず，前期後葉に遡る阿久遺跡でも墓域，祭場，居住域などの共同認識が明瞭に現われている。そのこと自体に問題はないにしても，墓域に営まれた数百の墓壙をすべて再葬墓としてみなすことの良し悪しについては，なお注釈を必要としはしまいか。とはいえ，阿久遺跡の出現そのものが，はなはだ意外性に富む出来事であったから，すなおに再葬墓と受け止めておくべきかもしれない。もしそうならば，民俗学でいう両墓制のような習俗も視野に入れるべきだろうし，そしてまた，従来から考えられている複数集団の共同墓地，加えて祭儀の場との関係についても，解釈をどう深めていくか大きな課題となってくるであろう。

3　葬儀と祭儀

　いわゆる配石遺構の実態を通じて，縄文社会の葬儀と普通の意味の祭儀のあり方を観察すると，何らかの形で火を使うことと石を用いて施設を造るという点において，密接な関係が存するようだ。執行される儀礼の具体的な内容に立ち入るすべがあるわけではないけれど，葬儀の場と祭儀の場とが区別されながらも一連の造営関係をもったり，隣接したりして構築されていることを考え合せると，観念的にも実習的にも，両者が習合してある種の信仰体系を形成していた公算が皆無ではないように思う。阿久遺跡だけに止まらず，晩期の山梨県金生遺跡[12]は，もっとよくその間の状況を具備しているし，後期の神奈川県下北原遺跡[13]でも，複雑な表層を除去すれば，基層には同じような祭儀と葬儀のあり方が理解されるであろう。

　しかし，そのような信仰体系にかかわる祭儀を個々の具体的な山岳に対する信仰と結びつけることは，いささか短兵急にすぎはしまいか。さきに触れた註3）の批判のごとく，祭儀のための施設としての配石遺構における祭祀の本質ではないと考えた方が自然であろう。以前，規模の大きな配石遺構について，石に対する信仰よりも，石の配置にこそ意義があると指摘したことがあるが[14]，同様にして配石遺構にかかわる山岳崇拝説も，かつての神道考古学的発想に吸引されすぎているとみられないこともない。

　集落構成における墓域の形成は，縄文社会の質的転換に伴って死生観が変容し，一種の他界観の成立過程に当るとする意見がある[15]。註2）の祖先崇拝説もまた同じ意味で問題となるだろう。他界観念を表徴する現象のひとつとなる埋葬時の頭位方向や顔の向きの規制が確立したのは，中期末から後期初頭であるといわれるから[16]，他界観念が一定の「かたち」に整えられたのは，墓域の規制が発現してから若干の年代を距てていることになろうか。

　また，祖先崇拝は，同じ集団のかつての成員であった死者が，当面の成員である生者の生活に影響を与えているとする観念に基づいた信仰体系であるから，単に墓があり墓域があることを，直ちに祖先崇拝に結びつけられる事象とはいえないであろう。長年月にわたった共同認識による埋葬の継続，墓域の維持が前提となって，はじめて想致できる事がらである。そこに地表に現われた墓の標識施設や複葬，合葬の存在も意味をもってくることになる。さらには，崇拝の対象物がみつかればより明瞭に跡づけられるわけで，墓壙からの一次的な出土状態ではないけれども，岩手県蒔内(しだない)遺跡の等身大に近い土製人像[17]が，祖先像である可能性は充分にあると思う。

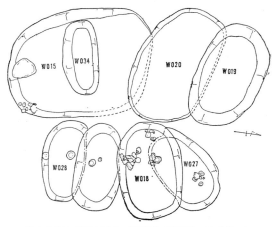

蒔内土製人像出土地点の墓壙群（WO19：長 145 cm）

4 屈葬と伸展葬

はじめに述べたように，縄文社会の埋葬体位の本流は屈葬であった。20年ほど前の作業であるが，縄文時代の貝塚から出土した一括骨格933例を，埋葬単位の各種区分による分類集成をもとに[18]，比率として表わしてみると，全般としては屈葬45%，伸展葬14%，不明41%となる。それらを年代的に整理すると，〔早期（5大別）〕12例中屈葬92%，不明8%，〔前期〕1例中屈葬100%，〔前〜中期〕127例中屈葬24%，伸展葬34%，不明42%，〔中期〕5例中屈葬40%，伸展葬20%，不明40%，〔中〜後期〕65例中屈葬51%，伸展葬37%，不明12%，〔後期〕56例中屈葬52%，伸展葬14%，不明34%，〔後〜晩期〕518例中屈葬51%，伸展葬4%，不明45%，〔晩期〕146例中屈葬24%，伸展葬12%，不明64%，〔時期不明〕3例中屈葬33%，不明67%の割合となる。

これらの資料は，貝塚出土例に限ってあるなどして，必ずしも全体的な統計資料として扱えない難点をもっているものの，一般的な趨勢を推量する上に大きな支障はないであろう。全時期を通じて屈葬骨は伸展葬骨の3倍もの割合を占めることになり，前期から中期にかけての頃，伸展葬の優位が一時的に認められるが，その後は再び屈葬の卓越が続いているわけである。

今度はそれを地域的に区分してみよう。

屈葬，伸展葬の出現頻度は，地域によってかなりまちまちである。屈葬から次第に伸展葬に移用したり，東から西へ，または西から東へと遠心的に変化していくというものでもない。その後の資料によれば，東日本でも西日本でも，屈葬はまず押型文土器に伴って出現し，伸展葬が登場するのは，九州や関東の前期中葉であった。また，九州の後期には，屈葬24%，伸展葬65%の福岡県山鹿貝塚例を加えた方が，全体の流れがより的確となろう。しかし，屈葬にも伸展葬にも，典型的な場合とそうでない場合とがある。肘関節と股関節，膝関節を強く屈曲した真の屈葬は，中期以降，崩れる傾向にあるといわれる[19]。そして弥生社会に入ると次第に伸展葬が一般化するものの，当初は屈葬と伸展葬の中間形の屈肢葬というべき体位が残り，また，九州の甕棺墓における埋葬姿勢は屈葬の部類に含められるものであった[20]。しかし，甕棺墓の場合を縄文の屈葬と同一視してよいかどうか疑問である。屈葬体位に合せた甕棺の容量であるよりも，甕棺に合せた収納姿勢と考えられるからである。

5 複葬と骨焼き

複葬とは，埋葬その他の葬送に際し，2回あるいはそれ以上遺体の処理を行なう葬制のことを指す。1)骨格が埋葬体位の自然状態を保持していない。2)集骨されている。3)成人の遺体がそのままでは収納できない土器の中に入れられている。4)屈葬でも入らないような法量の墓壙に葬られていたり，あるいは人骨が遺存していなくても，そのような蓋然性のある墓壙の存在などが，複葬を裏付ける考古学上の現象である。1はあるべき位置に当該の骨が存在していなかったりして，二次的な行為が加わっていることを示し，2の盤状集積骨，頭蓋集骨などの明瞭な集骨と様相を異にするけれども，改葬されている点で共通する。また，2には配石施設に伴う複数体の埋葬焼骨を含めるべきであろう。3はいわゆる甕棺葬で，遺骸を切断して蔵骨器である土器に納めたものではなく，民俗例にもみられるように軟部を腐らし骨化させてから行なわれた行為と考える方が，抵抗なく首肯できるであろう。洗骨葬と結びつける考え方が古くから存する。4は1と

地域＼時期	早期	前期	前〜中期	中期	中〜後期	後期	後〜晩期	晩期
東 北	▲100			?100		▲100	▲ 20 ? 80	▲22 ?78
関 東	▲ 80 ? 20	▲100		▲60 ?40	▲ 27 ● 70 ? 3	▲ 43 ● 50 ? 7	?100	▲20 ●20 ?60
中 部					▲ 75 ● 4 ? 21	▲ 71 ? 29	▲ 59 ● 1 ? 40	▲38 ●23 ?39
近 畿		▲100						
中 国			▲ 18 ● 46 ? 36		▲100	▲ 30 ● 30 ? 40	▲ 77 ● 3 ? 20	
四 国						▲ 75 ? 25		
九 州			▲ 41 ? 59		▲ 71 ? 29		▲ 14 ? 86	

〔▲屈葬　●伸展葬　?不明　数字は%〕（坂詰氏の資料による）

関係する点が多い。しかし，人骨が遺存している例はきわめて少ないので，墓壙の形態，大きさと配置などから，状況的に判断されるのが普通である。

　1から4の場合として考定される縄文社会の葬制としての複葬-再葬は，あくまでも傍系の習俗に止まっている。先述の阿久の例を採用すると，東日本の前期後葉，すでに「かたち」をなしていたもののようであり，また，中国地方でもそれと覚しき例があるが，明確にとらえられるのは，中期中葉から末葉にかけての東北地方北部においてである。その後，後期初頭以降晩期終末に至るまで，東海道を含む東日本全域と九州とに離れて点点と痕跡を残しており[21]，とりわけ最近では，晩期の調査例が増加しつつあると同時に，特異な出土状態や抜歯人骨が目立つようになってきた。

　晩期の複葬例にみられる特異性は，ひとつには複数体焼骨の埋葬にかかわる点で強調されているようだ。ここで，焼骨の成因をあえて骨焼きと呼んだのは，遺体を荼毘に付す一般的な火葬と区別する必要を感じたからである。縄文の焼骨は，葬制の流れから考えても，遺存・出土の状態からみても，埋葬とか曝葬（風葬）などによって，遺体を一旦骨化させた後，集骨または拾骨して焼いたものとみなすことを妥当とする。したがって，焼骨の存在そのものが複葬の行為を表わし，複葬事例2から4の場合に随伴するのである[22]。

　長野県野口遺跡，同じく大明神遺跡そして新潟県寺地遺跡など，特殊な配石遺構にみられる複数体分の焼骨は，明らかな合葬として注目される。そこに合葬された個体の第一次葬の時期は，おそらく何年かの幅をもって異なっていたであろう。そしてある機会に集骨されて骨焼きされ，配石施設に再び埋葬されたのであろう。ただし多分，全部の骨が集められたのではなく，一部の骨が拾骨された可能性が強い。そのような事例に関する実際的な検討も行なわれており[23]，弥生社会の再葬墓についても同様な所見がある[24]。つけ加えるならば，合葬例としては死期を同じくした場合もあるようだ。戦争，災害，あるいは人身供犠などの原因が考えられる。ただし，これらは骨焼きされていない[25]。

註
1) 鈴木保彦「集落の構成」季刊考古学，7，1984，p.27〜33

2) 笹沢　浩「立石・列石」百瀬新治「土壙」『長野県中央道埋蔵文化財発掘調査報告書』原村その5，1982，p.222，p.241
3) 阿部義平「配石」『縄文文化の研究』9，1983，p.41
4) 春成秀爾「縄文墓制の諸段階」歴史公論，94，1983，p.50
5) 八幡一郎ほか『貝ノ花貝塚』松戸市教育委員会，1973，p.233〜247
6) 戸沢充則「貝塚文化」『市川市史』1，1971，p.271〜276
7) 文化財保護委員会『大湯環状列石』1953，p.70〜75
8) 駒井和愛『音江—北海道環状列石の研究—』1959
9) 大谷敏三「環状土籬」『縄文文化の研究』9，1983，p.46〜55
10) 阿部義平「配石墓の成立」考古学雑誌，54—1，1968，p.77〜96
11) 鈴木保彦「関東・中部地方を中心とする配石墓の研究」神奈川考古，9，1980，p.48〜56
12) 新津　健ほか「山梨県金生遺跡」『日本考古学年報』33，1983，p.174〜176
13) 鈴木保彦『下北原遺跡』神奈川県埋蔵文化財調査報告14，1978，p.25〜58
14) 永峯光一「縄文人の思考序説」歴史公論，5—2，1979，p.27
15) 梅沢太久夫「縄文時代の葬制について（Ⅰ）土壙の性格と意義についての試論」台地研究，19，1971，p.42
16) 林　謙作「縄文期の葬制〔第Ⅱ部〕」考古学雑誌，63—3，1977，p.34，p.35
17) 『盛岡市萪内遺跡』Ⅰ，岩手県埋文センター文化財調査報告書32，1983，p.137〜140
18) 坂詰秀一「縄文時代の土壙墓」1961，『現代のエスプリ』葬送儀礼所収，1976，p.31〜33
19) 西村正衛「埋葬」『日本の考古学』Ⅱ，1965，p.342
20) 白石太一郎「考古学より見た日本の墓地」『墓地』1975，p.28，p.31
21) 國分直一「わが先史古代の複葬とその系統」日本民俗学，58，1968，p.2〜6，菊池　実「甕棺葬」『縄文文化の研究』9，1983，p.65，p.67
22) 大塚和義「縄文時代の焼けた人骨について」『八天遺跡』本文編，北上市文化財調査報告27，1979，p.203〜205，註21）菊池論文 p.69
23) 山口　敏・林　謙作「焼人骨の出土したピット」『八天遺跡』註22）に同じ，p.50〜56
24) 杉原荘介・大塚初重『千葉県天神前における弥生中期の墓址群』明治大学文学部研究報告4，1974，p.20
25) 大塚和義「縄文時代の葬制」『日本考古学を学ぶ』3，1979，p.49，p.50

支石墓と配石墓（弥生時代）

静岡大学教授
藤田　等
（ふじた・ひとし）

支石墓は朝鮮半島の影響のもとに縄文時代晩期末に西北九州
に出現し，一方配石墓は弥生時代前期にまで溯るとみられる

弥生時代の埋葬は，基本的に埋葬主体によっ
て，甕棺墓・木棺墓・土壙墓・箱式石棺墓などに
分類されているが，外部施設として個人や集団の
ための標識が存在する場合がある。標識には，方
形周溝墓・方形台状墓・墳丘墓のように盛土を
つものと，石を使用する次のような埋葬がある。
- （1）　置石墓──地表に1個または数個の石を
　　　　　置くか，積む状態とする。
- （2）　列石墓──地表に石を 1〜2 列，または
　　　　　長方形・円形・半円形・楕円
　　　　　形に並べる。
- （3）　覆石墓──地表に方形・長方形・円形・
　　　　　楕円形に石を並べて覆う。
- （4）　支石墓──基本的に上石（撑石）と支石で
　　　　　構成されているが，支石を欠
　　　　　く場合もある。

これらの標識は，幾種類かの埋葬主体と組み合
わされて，複雑な様相を示している。

内部主体としての土壙墓は，平面・断面形は別
として，有蓋と無蓋に区別されるが，壙内に施設
をもつもので，その施設が埋葬主体とならないも
のを，
- （1）　配石墓──壙内床面上に被葬者から離れ
　　　　　た位置に石を配置する。
- （2）　敷石墓──壙内に敷石を敷き並べて床と
　　　　　する。
- （3）　石囲墓──壙壁面に沿って石を配置し，
　　　　　被葬者を石で囲う。

と区別することができる。このように支石墓と配
石墓は異なった内容をもつ埋葬形式である。

1　支石墓

支石墓研究の出発点は戦後にあるといえる。
1949年福岡県石ヶ崎における調査を契機として，
1952 年〜1954 年に行なわれた佐賀県葉山尻，五
反田，福岡県志登支石墓群調査に基づいて，1950
年代後半に刊行された鏡山猛・松尾禎作氏らによ
る，北部九州支石墓の総括的な研究がその第1歩

である[1]。その後，1957 年長崎県狸山支石墓群，
さらに 1960 年日本考古学協会による西北九州綜
合調査の一環としての長崎県原山支石墓群の調査
となり，1969年森貞次郎氏による，日本における
初期の支石墓の研究が行なわれ，朝鮮半島の支石
墓を受容して成立した支石墓は，第1段階として
縄文時代の屈葬を基盤に土壙墓として出現し，第
2段階として，その後背地に粗製箱式石棺を主体
とするものとして展開したとされた[2]。下条信行
氏は，（1）縄文晩期〜弥生前期初頭，（2）弥生前
期末〜中期初頭，（3）弥生中期〜後期の支石墓の
変容を論じ[3]，甲元真之氏は西朝鮮における支石
墓研究を基礎として，日本の支石墓を，朝鮮にお
いて紀元前2世紀に出現する大鳳洞型支石墓を祖
型とし，埋葬主体を木棺土壙とする支石墓が，日
本支石墓の基盤となったとしている[4]。

西谷正氏は日本・朝鮮の原始墳墓の比較研究の
中で，日本支石墓の祖型を朝鮮における石棺型支
石墓でも，最も典型的な上石下に4個あるいはそ
れ以上の支石をもつものとし，日本では埋葬施設
によって，基本的に石棺型→土壙型→甕棺型と推
移展開するとしている[5]。また，岩崎二郎氏は，
土壙型から石棺型，さらに甕棺型へと変化すると
している[6]。

これらの論考に共通するのは，支石墓の祖型を
南朝鮮におき，玄海灘沿岸に初期の支石墓が出現
し，九州各地に展開したとする点である。

日本における支石墓出現の時期は縄文時代晩期
末（夜臼式期）であり，長崎県小川内9号支石墓
の箱式石棺内の土砂から出土した深鉢片が，山ノ
寺式または夜臼式とされ[7]，佐賀県久保泉丸山遺
跡（支石墓19基，甕・壺棺8基，箱式石棺3基）で，
甕棺2基が黒川式とされており[8]，同一墓域にお
ける支石墓の上限が黒川式に溯る可能性をもって
いると指摘しうる程度である。

（1）　縄文晩期〜弥生初期の支石墓

長崎・佐賀県に分布し，群集する傾向がある。
長崎県では，県北部に大野台（8基），小川内（10

基），狸山支石墓（7 基），諫早市風観岳（35 基），島原半島南半部の原山支石墓群は 3 群 100 基におよぶとされ，1960 年に調査された第 3 支石墓群は 36 基で，その後環境整備に伴う調査によって 14 基が追加されている[9]。佐賀県唐津平野では瀬戸口（14 基），森田（16 基），五反田（5 基）[10]，岸高（9 基），黒須田（1 基）があり，最近では佐賀平野でも久保泉丸山（19 基），香田（1 基）が調査されている。

上部構造については，上石が耕作の支障となったり，石材として利用されるために移動・除去されることが多く，支石についても不明確な点はあるが，風観岳では支石のあるものとないものが確認されている[11]。

下部構造については，原山第 3 支石墓群で粗製箱式石棺 30，土壙 14，甕棺 3，不明 3 基である。風観岳では，33・2 基の 2 群があり，そのうち明確な支石墓は 20 基で，粗製箱式石棺 11，粗製箱式石棺？1，土壙 1，不明 7 基である。大野台，小川内，狸山支石墓はすべて粗製箱式石棺である。

佐賀県森田支石墓ではほとんど確認されておらず，瀬戸口遺跡では大部分が上石のない状態で，甕棺 2 基については支石墓とする確証はないが，箱式石棺 1，土壙 4，甕棺 3，未調査 1 基とされている。五反田では，土壙 4，土壙？1 基，岸高では未調査の 3 基を除いて残り 6 基が土壙，未調査ではあるが割石遺跡の 6 基も土壙ではないかとされている。佐賀平野の久保泉丸山遺跡の 19 基の支石墓も，すべて土壙である[12]。以上のように，長崎県下では小形の方形に近い，または長方形の粗製箱式石棺が，佐賀県下では土壙が量的に多いことが指摘できる。

副葬品として，狸山 6 号支石墓から鰹節型大珠（長崎翡翠製）1 個，原山第 2 支石墓群 1 号支石墓で管玉 1 個，打製石鏃 1 個が出土している。供献土器の出土例は多く，壺・甕・浅鉢・高坏があるが，その大部分は壺型土器である。久保泉丸山 26 号支石墓では，壺 2・異形壺 1・高坏 1 が出土している。福岡市小田 2 号支石墓（石囲墓）の被葬者左上腕の外側に副葬されていた丸底小型壺について，朝鮮半島の無文土器文化に属する土器と同一で，夜臼式併行期のものであるとする考えもあるが，弥生後期とする従来の見解，被葬者の埋葬姿勢が仰臥伸展葬である点に問題がある。また，原山第 2 支石墓群の周辺で土偶が出土している。

（2） 弥生時代の支石墓

弥生時代の支石墓は，（1）弥生前期，（2）弥生中～後期の 2 時期に区分することができるが，時期を明確にできる遺構は少ない。第 1 期は北部九州において，甕棺墓制としての成人用甕棺（金海式）が成立する時期であるが，支石墓の下部構造として，金海式甕棺が用いられている例はない。第 2 期は北部九州に盛行する，甕棺墓制と支石墓の上部構造（上石）とが結合する時期である。弥生期の支石墓は長崎・佐賀・福岡・熊本県へと展開する。鹿児島県では上石と考えられる巨石の存在が数箇所で知られているが，調査の結果では下部構造が明確にされたものはない。また，甕棺墓と結合した支石墓は量的に少なく，甕棺墓域の中にわずかに存在しているにすぎない。

福岡県志登支石墓は，支石墓 10 基・甕棺 8 基で構成されている。甕棺墓は夜臼式と板付I式の組み合せ（8 号），板付II式壺棺 2 基，中期甕棺 5 基がある。8 号支石墓（土壙？）より磨製石鏃（有茎柳葉型）4 個が出土し，前期を下ることはないと考えられている。志登支石墓の下部構造は明確でないが，3 号支石墓の石床状の構造，6・7 号墓の配石墓様の遺構など，甕棺を下部構造とするものが存在しない点では，唐津平野における初期支石墓の様相に類似しているといえる。志登と同一地域の加賀石支石墓を調査した柳田康雄氏は，同遺跡から出土した磨製石鏃（有茎柳葉型）6 個と志登の磨製石鏃の比較研究などから加賀石の磨製石鏃と石ヶ崎支石墓出土の太形碧玉製管玉が朝鮮忠清南道扶餘郡松菊里出土の遼寧式銅剣に共伴した遺物との類似性を指摘し，福岡県糸島平野に分布する支石墓の大部分が，弥生初期に溯る可能性があると論じている[13]。

長崎県井崎支石墓の下部構造は箱式石棺で，小型壺（板付II式）が出土しており，五島列島宇久島松原遺跡では，1968 年に支石墓 1，壺・甕棺墓 7 基，土壙墓 1 基が調査され，壺・甕棺から弥生時代初頭（板付I式）から前期前半におよぶ墓地とされている。この遺跡では 1872 年に発見された 1 号支石墓があり，貝輪 2 個・貝製垂飾品 1 個が出土しており，2 号支石墓被葬者の右足首部分から貝製小玉 66 個が出土している[14]。この種の貝小玉は，山口県土井ヶ浜，島根県古浦遺跡で出土しており，弥生前期を下ることはないと考えられるが，墓地は前～後期におよぶものである。

支石墓（佐賀県久保泉丸山遺跡）

貝輪を着装する例として，佐賀県大友遺跡出土例がある。大友遺跡では，弥生時代の埋葬152基が調査されている。その構成は甕棺墓36，箱式石棺墓16，土壙墓87（土壙29，配石34，石囲17，敷石7），再葬墓10，支石墓3基である。時期的には前期〜後期前半におよぶ遺跡である。支石墓1基の詳細は不明で，第4次調査で墓域の南側斜面で出土した2基のうち1基を調査した。調査した57号墓の被葬者（男性・熟年）は右手首に，二枚貝製・ゴホウラ貝製の組み合せ式貝輪を着装しており，前期前半に溯る可能性があるとされている。この埋葬は敷石墓を破壊して構築されており，敷石墓の被葬者も組み合せ式の貝輪を着装していた可能性がある。大友では，貝輪着装の人骨20例，貝・貝片を伴うもの21例，玉類の副葬例18例で，壺，磨製石剣を供献した例もある。抜歯は22例で前期後半〜後期前半におよび，上顎左右の犬歯の抜歯は男性に，下顎に抜歯の集中する例は女性に集中している[15]。

中〜後期になると甕棺墓との結合が明確となる。しかし，甕棺墓と結合せず，副葬品・供献土器など伴出しない支石墓は年代決定に困難が伴う。中期とされる熊本県藤尾遺跡は支石墓10基，積石墓4基，甕棺墓2基で構成され，支石墓下部構造としての小児甕棺（中期）のみで，時期決定がされている。

福岡県須玖岡本D地点については，梅原末治氏によって，上石・立石をもつ甕棺で，多数の鏡とともに銅剣・矛・戈，璧，ガラス勾玉・管玉が発見されている。この他にも，佐賀県久里大牟田，三津永田，福岡県鹿部，長崎県景花園遺跡など青銅器を出土した墓域での支石墓の存在が指摘されている。

佐賀県葉山尻では，1号支石墓下から5基，至近距離から1基の甕棺が出土し，集団墓の標識的存在となっている。6基の甕棺は単棺倒置2基，合口式で蓋が下になっているもの1基で，唐津平野，東松浦半島（大友遺跡）にしばしば見られる，倒置単甕棺の問題と合せて考えなければならない。また，佐賀県宇木汲田遺跡でも全長307cm，最大幅104cm，最大厚39cmの大石が出土している。この石材も墓域の標識的存在であろう。

中期から後期にかけての支石墓で確認された例は少なく，福岡県朝田，羽山台，佐賀県徳須恵など数少ない例である。

2 配 石 墓

配石墓についての系統的な研究はない。それは，出土例数が少ないことと，配石墓は土壙墓の範疇に属し，埋葬主体とならないためである。

配石墓が注目されたのは山口県土井ヶ浜遺跡であって，砂丘に設定されたこの墓地の調査も，1953年以来8回の調査が行なわれ，全体像が明らかにされつつある。第1〜5次調査では，簡単な施設を伴う埋葬として，被葬者の周囲四隅に1個宛の礫をおいたもの，2・3個宛おいたもの，頭辺の左右に石を配した埋葬14例がある。この他に，枕辺に1〜数個の礫を置くものなどがあげられ，装身具を着けた大多数がこのような施設を伴っている[16]。響灘沿岸では，下関市吉母浜遺跡でも発見されている。

佐賀県大友遺跡も砂丘埋葬遺跡で，弥生時代埋葬遺構152基のうち，配石墓34基が調査されている。第2次調査27基については，資料的に不充分な点もあるので第3・4次調査7基について略述する。2号墓（小児）は頭部・足部に各々2個の石を配し，4号墓（女性・熟年）は，前期後半の壺が供献され，頭部左右，左足側に合計3個の配石がみられた。18号墓（小児）も2号墓と同じ状態で埋葬されたと考えられるが，右足隅の配石は他の埋葬壙と重複して除去されていた。また，1号墓は磨製石剣が供献された，粗製箱式石棺であったが，床面に配石がみられた。この他は変則的で頭部や足部に1〜数個の石を配している。

長崎県福江島大浜遺跡は，弥生中〜後期におよぶ砂丘埋葬で，9基の埋葬遺構が発見されている。成人埋葬は配石や敷石を伴い，幼小児につい

25

配石墓（佐賀県大友遺跡）
地表に置石と供献土器がある

てはなんらの施設もない。2号墓（男性・熟年）は左右体側に2・4個，足部に2個の石を配し，足部の石の1個は立った状態である。その他の埋葬については，詳細は不明であるが，大浜遺跡では被葬者の周囲を囲むように石を配しているようである。また，鹿児島県種子島広田砂丘埋葬遺跡でも調査されている。

愛知県朝日遺跡（貝殻山）では，弥生前期末の埋葬で配石がみられ，2号墓の頭部両側，手先部，腰部に合計4個の配石があり，1号墓でも右体側に2個の配石がある。2号墓の人骨の南西方向にも同様な配石があったが，人骨は出土しなかった[17]。

3 おわりに

支石墓は朝鮮半島の支石墓の影響のもとに，縄文時代晩期末（夜臼式）に西北九州に出現した。しかし，佐賀県久保泉丸山遺跡では，同一墓域内で2基の黒川式甕棺が調査されており，支石墓も時期的に溯る可能性があるといえる。支石墓は西北九州から，東・南へと展開し，北部九州で前期末に成立した成人用甕棺と結合して，著るしい変容をとげて終息した。今後，佐賀・長崎県において，縄文期の支石墓の例数は増加するであろう。しかし，支石墓の展開と変容は唐津平野において追究されねばならない。それは，初期水稲耕作の成立，北部九州で展開する甕棺墓制との関連，ことに単棺倒置甕棺の出現の問題，さらに人類学的に明らかにされつつある，北九州・山口型と西北九州型弥生人の接触する地域だからである。

配石墓については今後の資料の増加と研究をまたねばならないが，基本的に規則的な配石から不規則な配石へと変化すると考えられるし，土井ヶ浜遺跡のように装身具を伴う埋葬にみられることは注目すべきである。砂丘埋葬として響灘沿岸，西北九州に出現すること，時期的には前期に溯ることが指摘できる。朝日遺跡例は別系統のものであろう。

註
1) 鏡山　猛ほか『志登支石墓群』文化財保護委員会，1956
   松尾禎作『佐賀県下の支石墓』佐賀県文化財調査報告書第4輯，1955
   松尾禎作『北九州支石墓の研究』松尾禎作先生還暦記念事業会，1957
2) 森　貞次郎「弥生文化形成期の支石墓」『金載元博士回甲記念論集』1969
3) 下条信行「韓から飛んできた石」森貞次郎編『北部九州の古代文化』1976
4) 甲元真之「西北九州支石墓の一考察」法文論叢，41，熊本大学法文学会，1978
5) 西谷　正「日朝原始墳墓の諸問題」『東アジア世界における日本古代史講座1』1980
6) 岩崎二郎「北部九州における支石墓の出現と展開」『鏡山猛先生古稀記念古文化論攷』1980
7) 坂田邦洋「長崎県小川内支石墓発掘調査報告」古文化談叢，5，1978
8) 樋渡敏暲ほか『丸山遺跡発掘調査概報』佐賀県教育委員会，1979
9) 森　貞次郎・岡崎　敬「島原半島原山遺跡」九州考古学，10，1960
   高村晋士ほか『国指定史跡原山支石墓群環境整備事業報告』北有馬町教育委員会，1981
10) 瀬戸口，森田，五反田支石墓群については，唐津湾周辺遺跡調査会『末盧国』1982を参照されたい。
11) 正林　護ほか『風観岳支石墓群調査報告書』諫早市文化財調査報告書第1集，1976
12) 樋渡敏暲ほか『前掲書』
13) 柳田康雄「加賀石地区の調査」『三雲遺跡Ⅰ』福岡県文化財調査報告書第58集，1980
14) 小田富士雄「五島列島の弥生文化―総説篇」人類考古学研究報告，2，1970
   宮崎秀夫ほか『長崎県埋蔵文化財集報Ⅵ』長崎県教育委員会，1983
15) 藤田　等・東中川忠美『大友遺跡』呼子町文化財調査報告書第1集，1981
16) 金関丈夫・坪井清足・金関　恕「山口県土井浜遺跡」『日本農耕文化の生成』1961
17) 柴垣勇夫ほか『貝殻山貝塚調査報告』愛知県教育委員会，1972

古墳群の変遷 （古墳時代）

滋賀県教育委員会
丸山竜平
（まるやま・りゅうへい）

群集墳の多くは3～4世代にわたり順次築造されたもので，村首的な有力者の墳墓から氏族単位の集団まで多様である

　西暦200年代後半からおおむね7世紀代までの数百年間を経過した古墳時代は，各地に莫大な古墳を残し，最終的には群の形成を視角的に生み出した。いわば古墳の被葬者達の変遷が古墳群の各種類型を今日に残したといえる。古墳とその群的把握が，その詳細な分析によって，古墳ひいては古墳群の被葬者達の歴史的評価を追究しうるゆえんである。

1 大岩山型と美旗型古墳群

　古墳群の基本型は——基本型とは全国各地に普遍的に存在するという意味ではなく，本来最もありうべき姿としてのそれであって，それ以上のものではないが——丘陵支脈上から山麓部，平野部にかけてのきわめて限定された地域に墓域をもつ，厳密には，平地―山丘陵―平地―山麓裾―山麓の変遷順位で，その立地を丘陵支脈とその延長線上に占めるもので，平地では点的に，山丘陵，山麓部では面的な墓域を7世紀代には守っていたと予想されるものである。

　そして，各世代に最低1基が，いくつかの集落の結合に対応したかたちで造り続けられることである。古墳数が一世代に複数造られる場合もあるが，基本は一世代一墳であり，6世紀中葉以降になると集落の連合体の首長とこの首長と一部同一世帯成員とが同一墓域内に古墳を築きはじめる。この時期は群集墳の時代と呼ばれて首長墓を含まない古墳群の新たな形成をみる。

　このようにしておおむね数百年間の間に代々築かれた首長墓群―古墳群としての十数基と，最後の半世紀の間に一気に多数築かれた首長と首長世帯の成員による十数基の後期群集墳とでこの古墳群の平均的総数は数十基に達する。以上，一墓域内の一首長系譜墓群こそ古墳群と呼ばれるべき典型的類型である。

　今，この基本型の提示を求められればただちに滋賀県野洲郡野洲町大岩山古墳群を紹介することができる。

　群の構成は，3世紀後葉，庄内期前後にまず墳丘の低い前方後方型周溝墓といえる冨波遺跡が築かれ，次に，舶載鏡4面の出土をみた古冨波山古墳が同じく平地に築造される。

　ひきつづいて立地を山丘陵頂部に移して天王山古墳（全長48m），大岩山第二番山林古墳，大岩山古墳と継起的に前期古墳が続く。大岩山第二番山林古墳では4面の舶載鏡が出土し，別の主体部から平縁式の鏡片が出土している。また，大岩山古墳からは仿製鏡2面などが出土している。

　さらに中期に入ると，墳丘立地を再び平地に移し，大塚山古墳（推定全長67m），亀塚古墳（推定全長30m），冨波2号墳などが順次築造されるが，いずれにも帆立貝式古墳で墳丘規模の縮小化を示している。

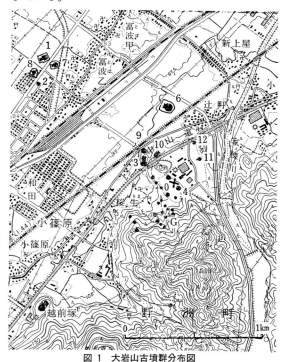

図1　大岩山古墳群分布図
0：大岩山銅鐸出土地　1：冨波前方後方型周溝墓　2：古冨波山古墳　3：天王山古墳　4：大岩山第二番山林古墳　5：大岩山古墳　6：大塚山古墳　7：亀塚古墳　8：冨波2号墳　9：甲山古墳　10：円山古墳　11：宮山1号墳　12：宮山2号墳　G：桜生群集墳

古墳時代後期に入ると立地も再び山麓部に移り，甲山古墳，円山古墳，宮山1号墳，宮山2号墳と4世代にまたがり築造される。しかし，この背後には，さらに十数基の後期群集墳が築造されており，やはりこの群集墳も大岩山古墳群中に含めるべきものであろう。

　以上，首長墓ともいうべき各世代1基のわりで築造された12基は，12世代にわたって築造された首長墓であり，大岩山古墳群は代々首長の系譜を如実に示す首長系譜墓群と解釈してよかろう。

　ところがこの大岩山古墳群は首長系譜墓群の基本型を示しながらも，典型的な前方後円墳は1基しか含まれず，帆立貝式古墳が大半を占めている。

　狭少な各水田を広域にわたって抱括し，かつ政治的にも重要な地域を占める美旗古墳群では，大岩山のそれとは地域支配のあり方にかかわる重大な差異を示しながらも同様な群の形成をみている。ただし，ここでは，各世代の首長は前方後円墳の墳形を取り，6世紀に入ると巨石墳を築いている。

　美旗型古墳群の群構成は，淀川水系の最上流部に位置し，名張市全域を望む東端の緩傾斜台地に分布する。群中の東端で台地東端に立地した殿塚古墳（90m），女郎塚古墳（100m），毘沙門塚古墳（65m），台地の西端に近い馬塚古墳（142m），貴人塚古墳（王塚，50m）の5基の前方後円墳がおよそ1km内外に群集し，近接して横穴式石室をもつ赤井塚古墳が円墳であるが首長墓として巨石墳を築いている。

　いま，この大岩山古墳群と美旗古墳群を比較すると大きな差異に注目される。すなわち代々首長が前方後円墳を築いた美旗型と，わずかに1基しか前方後円墳を築くことのなかった大岩山との違いである。この2つの型の理解をたすけるものは湖西型古墳群であろう。

2　湖西型古墳群

　湖西型古墳群とは，滋賀県西部の滋賀郡，高島郡にまたがる首長系譜墓群の解明から名づけたものであるが，野洲川流域の首長系譜墓群についても該当するものである。

　すなわち，水系を軸とする地縁的な結合地域の1個所に地域首長墓（前方後円墳，後方墳）が系譜的に代々築造される美旗型ではなく，あたかも各小地域の首長墓間を持ち回りするかの如く，大岩山型首長系譜墓群が各地域で形成されるなかで，前方後円墳のみがただ1基点々と築造され廻っているのである。

　いわば美旗型古墳群が3郡にまたがり，あるいは2郡を数十kmにもまたがり，しかも小地域首長墓（大岩山型）内を点々と移動している様を想起されたい。

　3郡にまたがる野洲川流域では野洲町天王山古墳—栗東町亀塚古墳—栗東町塚越古墳—栗東町山寺北谷11号墳

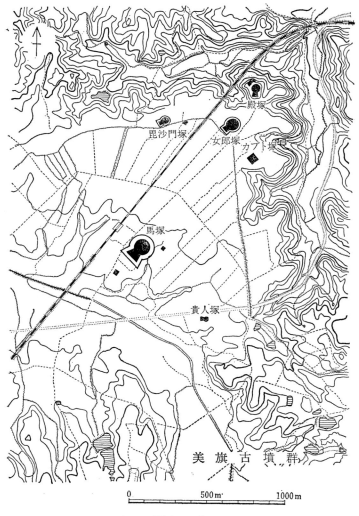

図2　美旗古墳群分布図

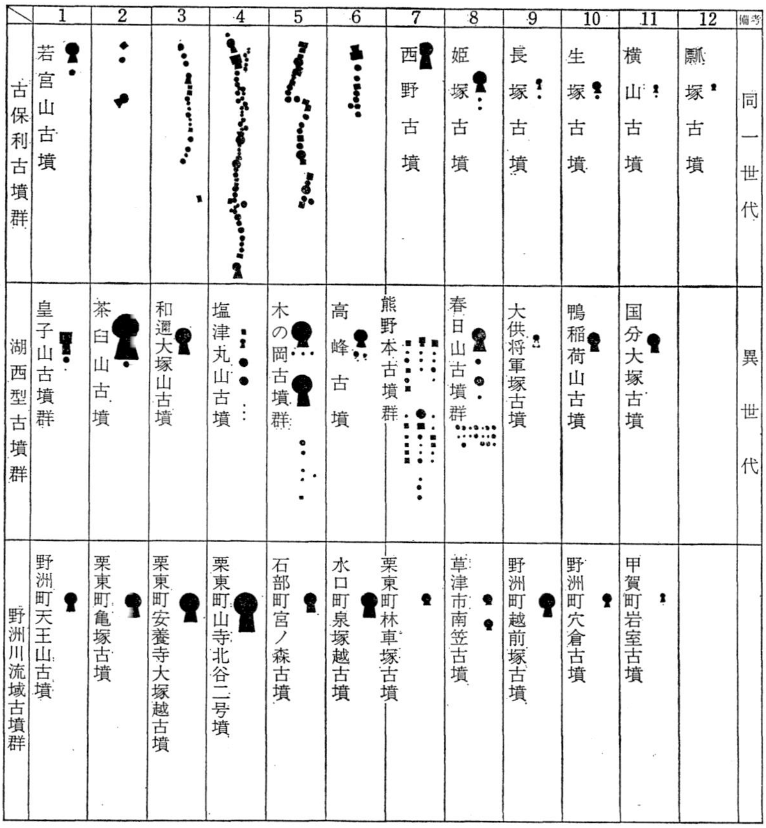

	1	2	3	4	5	6	7	8	9	10	11	12	備考
古保利古墳群	若宮山古墳						西野古墳	姫塚古墳	長塚古墳	生塚古墳	横山古墳	瓢塚古墳	同一世代
湖西型古墳群	皇子山古墳群	茶臼山古墳	和邇大塚山古墳	塩津丸山古墳	木の岡古墳群	高峰古墳	熊野本古墳群	春日山古墳群	大供将軍塚古墳	鴨稲荷山古墳	国分大塚古墳		異世代
野洲川流域古墳群	野洲町天王山古墳	栗東町亀塚古墳	栗東町安養寺大塚越古墳	栗東町山寺北谷二号墳	石部町宮ノ森古墳	水口町泉塚越古墳	栗東町林車塚古墳	草津市南笠古墳	野洲町越前塚古墳	野洲町穴倉古墳	甲賀町岩室古墳		

図3 政治的地域首長墓の持ち廻り図

一石部町宮ノ森古墳―水口町泉塚越古墳―栗東町林車塚古墳―野洲町越前塚古墳―草津市南笠古墳（これのみ1期2墳）―野洲町穴倉古墳―甲賀町岩室古墳と都合11基が一首長系譜墓群に1基たりとも集中することなく，全域にくまなく点々と移動しているのである。

全く同様な例は全国的にも少ないが，同じ県内の湖西地域のそれと比較してみたい。ここでも，細長く2郡にまたがるものの，各小首長墓内には前方後円墳が1基しか築造をみておらず，およそ11世代にまたがり，点々と前方後円墳の移動を物語っているのである。大津市皇子山古墳―膳所茶臼山古墳―和邇大塚山古墳―塩津丸山古墳―大津市木の岡古墳群―雄琴高峯古墳―新旭町熊野本古墳―堅田春日山古墳―大供将軍塚古墳―鴨稲荷山古墳―国分大塚古墳がそれらである。これらのなかで明瞭な古墳群をもって小首長系譜墓群を示すものは，塩津丸山古墳群，熊野本古墳群，春日山古墳，木の岡古墳群がそれらであった。他の一見単独墳とされるものが，周辺平地にかつて削平された古墳痕を残していないとは断言できず，今後の課題とせねばならない。

問題は単独の前方後円墳の被葬者が，在地の集落首長（小地域）か，あるいは政治的背影のなかで該地に墓地のみを営むことになった他集団の首長なのか，いずれなのかであるが，ここ野洲川，湖西いずれの地域も在地首長が地域首長墓の墳形を一時期一墳のみもつに至ったものといえる。

そこには，数十km四方にも及ぶ広大な地域の政治的施策としての前方後円墳の出現が予測されてくるのである。

他方，政治的地域首長墓の持ち廻りは，小首長間の全体会議のなかで認定された施策であろうか，それとも地域をこえた，国家的な政治的施策によって順次なしとげられたものであろうか。

3 前方後円墳の持ち廻り

古墳群の類型が大岩山や美旗に酷似するが，前方後円墳の被葬者が各集落首長間での持ち廻りではなかったかと思われるものに長浜垣籠型古墳群がある。長浜茶臼山古墳―オキサキ山垣籠古墳―石塚古墳―三ノ宮古墳―福ノ神古墳―上葛塚古墳―長屋敷古墳―息長姫陵古墳―越前塚39号墳と都合9基の古墳で知られるのがそれである。ここでは大岩山古墳群ほど首長墓域が限定されず，2.5km四方に点在し，前方後円墳に近接して大規模な集落が予想されるのが特徴である。また，各前方後円墳の四周に弥生時代以降の低墳丘墓が群在する可能性が見い出されている。すなわち前方後円墳は，いわば拠点集落に対応した弥生時代からの集落首長層墓群中に営まれた地域首長としての職掌表示物であったといえる。ちなみに，この長浜垣籠古墳群中の越前塚古墳群では，その四周の調査の結果，弥生中期の方形周溝墓7基，同後期が36基，古墳時代前期が円形周溝墓を含めて8基，中期が古墳3基，後期が同じく2基確認された。もし，これら古墳時代中，後期さらには前期の墳墓群に旧状を良好にとどめるべく墳丘が遺存

していたとすれば，越前塚 39 号前方後円墳もまた，古墳群中の単なる 1 基の異形墳にすぎないこととなり，この地域においてもまた，前方後円墳 1 基を含む各古墳群中を地域首長墓を示す墳形が持ち廻りされていたとしなければならないことになる。

この場合，前方後円墳が明瞭な古墳群中に 1 基存在を示すか，それとも，前方後円墳の四周を調査することによってはじめて低墳丘墓を含めた集落首長墓群が検出されはじめるかどうかは，前方後円墳の被葬者層の在地における専制度を反映しているばかりか，これらの地域をさらに上位から把握した部族連合体首長の専制度を反比例的に示すことになる。

すなわち，在地での地域首長と種族成員間の支配，被支配の関係がルーズで，かつ民主制を思わせる持ち廻りが行なわれることによって，部族連合体首長の支配力は種族成員に対して強力になりうる余地が示されたといえよう。

4 集落首長の共同墓域

美旗型の古墳群を群型態の基本としながらも，代々の地域首長墓（前方後円墳）のほかに多数の陪塚あるいは首長墓と同じ異形墳（前方後円墳，後方墳）をもつ古墳群がある。

この古墳群の性格としては美旗型のそれと異質なものとしなければならない。この好例に滋賀県高月町古保利古墳群がある。

長浜垣籠古墳群との関連でいえば，集落首長（小地域首長）が連合体を形成するとともに彼ら首長層の共同墓域を設けた例ともいえる。そして，長浜では集落首長の代々の墓は低墳丘墓として地表にその姿をとどめず，周溝墓として遺存しているが，古保利古墳群では，各集落（小地域）首長やその親縁者達の墓が墳丘をもって，政治的地域首長墓（前方後円墳，後方墳）のまわりに築造されている。さらに，具体的に述べると，西野の一尾根上と一部山麓，平地とにかけて，総数百数十基の古墳が知られるが，尾根には十数基の後期群集墳を除いて，他は前，中期古墳に限定され，各前方後円，後方墳には数基から二十数基，さらに四十数基と同一世代中に円，方墳の多数の築造をみて

図 4 古保利古墳群

いる。

また，その群型態は，先に述べたあたかも前方後円墳のまわりから多数の弥生時代から群集墳に至る周溝墓群などを検出した長浜市越前塚古墳群との類似を思わせるが，それは現象形態のみであって，古保利の各支群中の古墳は，世代を追って築造されたものではない。前方後円墳の被葬者との関係でいえば，同世代墳であり，かつ同支群中に 3 基と 5 基の前方後円，後方墳が一時期に築造されている。このことからみて，前方後円墳の被葬者の氏族成員がかくも多数の古墳を同世代に築造せしめたものか，さもなくば前方後円墳の被葬者の一部親縁者を含みながらも，同一種族内の複数氏族の各首長（集落首長，小地域首長）とその親縁者（おそらく戦にかかわった軍隊指揮者や有力戦士）をも含む古墳群か，そのいずれかであろう。

ただ，このような多数の古墳が，1 個所に墓域を求めたことは，種族（氏族連合体）の主要構成員が常に政治的関心を持ちえた証左ともいえる。こ

の古保利古墳群が琵琶湖の最北端にあって，塩津湾に面していたことと無縁ではないかもしれない。

大阪府玉手山古墳群や京都府向日丘陵の古墳群など，いずれも多数の前方後円墳を一時期に築造しているが，多数の円墳の欠如は，種族の上部機関を構成した小地域首長連合が古保利より，より専制的であったためといえる。

5　中期の大規模古墳群

向日町丘陵や玉手山に後続して，中期に至ると京都府城陽市久津川（車塚）古墳群や大阪府羽曳野（古市・誉田）古墳群など大規模な古墳群が形成される。

久津川古墳群では，西山古墳（全長80m）―同7号墳―芝ヶ原古墳―芭蕉塚古墳（全長110m）―箱塚古墳―車塚古墳（全長156m）―坊主山古墳（全長45m）と続くが，この間30基をこえる円，方墳群が営まれる。そこには，種族の連合体（部族）の最高権威である政治的地域首長兼戦争指揮者としての前方後円墳の被葬者と，軍隊統率者・戦士としての円・方墳被葬者層の膨脹をみることができよう。同様な例は滋賀県栗東町安養寺古墳群や奈良県新沢千塚古墳群でも指摘されるが，ここでもやはり（小）地域首長の系譜墓が形成されるなかで古墳基数の増大がみられる。

他方，5世紀後半に至ると，首長系譜墓群とは無縁の位置に，円墳あるいは方墳の群集がみうけられる。プレ群集墳と呼ばれるものであり，群集墳の築造開始期には群形成を終えている。滋賀県安曇川町田中大塚古墳群（帆立貝式古墳を中心に47基の方，円墳群で形成）や，同今津町甲塚古墳群（大円墳甲塚を中心に30数基の方墳群で形成）がそれである。種族から部族へと統治制度と諸機関の整備にともない，他方では種族内部に部族連合体（小民属）の必要とする官吏制度が設けられ，氏族内の有力父長が新たに選ばれ，古墳の築造に至ったものといえよう。

6　群集墳の形成

6世紀中葉以降，歴代首長系譜墓群中はもとより，全国到るところに群集墳の形成をみる。その特徴は数世代続くのみで推古朝に至って（畿外ではさらに遅れて）急激に終焉をむかえる。プレ群集墳が部族連合体の認めるところとはいえ，各集落の有力父長の評議会的性格を思わせたが，群集墳はもはやこれとは異質である。

群集墳の被葬者は，部族連合体の経済的，軍事的支柱としての公民のモニュメントとして古墳を築くに至ったといえる。その莫大にして，広範な群集墳の出現は，集落単位で，あるいは氏族単位で公民＝有姓者集団を顕示したものといえる。

すなわち，群集墳は数基からなるもの，あるいは十数基，数十基，数百基から構成されるが，その多くは3～4世代にわたり順次築造されたものである。そこには村首的な集落内の一有力者の歴代の墳墓を示すものから，氏族単位で設定された部民集団さらには，多数の村主や史の姓を与えられた渡来者集団の奥津城まであって多様である。滋賀県下における大群集墳としての滋賀里百穴や穴太（あのう）古墳群，あるいは秦荘町金剛寺野古墳群などは渡来系のものとしてまた，甲賀郡酒人山古墳群は部民集団のそれとして評価する必要があろう。

7　氏の形成と連合

前方後円墳の多くが，何らかの形で首長系譜を形成するものが多いが，滋賀県下の東部，わけても愛知川流域から北においては，特異な前方後円墳の分布を形成する。すなわち，この地域では今日までのところ敏満寺大塚古墳，安食西古墳，亀塚古墳，長塚古墳，小八木東古墳，小田苅古墳，妙法寺熊の森古墳，伊野部古墳，八幡社古墳の都合9基の前方後円墳が知られている。ところが，これら古墳はいずれも6世紀代の後期古墳であり，かつ首長系譜墓を示す明確な古墳群として築造をみていないのである。いずれもが相前後して，20～10km四方の平地に築造されたわけである。しかも，各古墳間を検討すると，各古墳の距離が3kmから5.5km前後にあって，湖東平野全域に均質的に分布を示しているといえる。いわば古墳に示された首長権の持ち廻りは想定しがたく，むしろ，古墳に示された9首長の緊密な結合，連合と同時に小地域単位の成立が暗示される。

しかし，このような持ち廻りのない独立墳に示されたものが，氏族的結合の反映か氏族的独立か意見のわかれるところである。しかし，いずれにせよ，従来の氏族的要素はより一層失なわれ，氏の形成と連合に関連するものではなかろうか。より一層今後の検討を要するものである。

律令官人の墓（奈良時代）——— ■

橿原考古学研究所
前園実知雄
（まえぞの・みちお）

律令官人は原則として公の葬地に葬られたと思われるが，そ
の葬地，規模の決定にあたっては諸々の要素が含まれていた

慶雲4（707）年4月，任地の越後で亡くなった正五位下威奈真人大村は，約7ヵ月後の11月，遠く大和の「葛木下郡山君里」に葬られた。遠隔の地で命を全うした大村は，早い時期に火葬され，骨送使によって都まではこばれたものと思われる。彼の遺骨は鋳銅製の球形の骨蔵器の内に納められ，その蓋表には「墓誌銘 并序」からはじまる，1行10字詰39行にわたるみごとな中国式の整然とした銘文が刻まれている。そこに記された内容と『続日本紀』にみえる「猪名真人大村」の事蹟から彼の生前の官人としての姿を知ることができる。

骨蔵器の出土地点は，現在の奈良県北葛城郡香芝町穴虫字馬場の丘陵上といわれているが，彼の墓がなぜここに営まれているかを考えることは，飛鳥時代から奈良時代にかけての終末期古墳・墳墓の立地や位置を考察する上でさけることのできない問題であろう。小論では，この威奈大村をはじめ墓誌を出土した墳墓，文献にみられる喪葬記事などをもとに，それらの分布について論じ，葬地の問題にも少しふれてみたい。

1 後期群集墳・終末期古墳と葬地

奈良時代の墳墓の分布の特徴を考える上においてはまず前時代の終末期古墳，さらに後期群集墳の分布状況を検討することが必要である。ここでは大和を例にとって少し詳しくみてみよう。

長年にわたる分布調査や発掘調査などによって，現在奈良県には7,000基以上の古墳の存在が知られているが，その90%以上はいわゆる後期群集墳に含まれる。これらは大和盆地の各地の丘陵上に，あるものは大規模な，あるものは中・小規模な群を構成して存在している。例えば天理市の竜王山古墳群は，300基の円墳と300基の横穴を含む600基の大群集墳であるし，橿原市の新沢千塚古墳群では350基が集中している。これら大規模群集墳に対し，数十基で構成された中規模の群集墳は，さらに広い範囲に存在するが，それも大部分は大和盆地の南半部に限られる。具体的にいえば天理市北部から北葛城郡当麻町を結ぶライン以南の地域で，いっぽう北半部にも小規模群集墳は存在するが，絶対数では比較にならない。

これらの現象についてはいくつかの解釈があろう。まず当時の居住区との関係であるが，現在までのところ古墳時代後期の集落についての資料が充分でないため多くを語ることはできないが，当時の主要生活空間が大和盆地南半部にあったであろうことは充分考えられる。ただ大規模群集墳に関しては，その存在する地域と比べて極端に絶対数が多いことなどから，盆地各地の氏族集団が擬制的同族関係をもち，一定の葬地に葬ったものであろうという意見も出された[1]。また盆地部での古墳発見例も少ないこともあり，低地部で生活していた人々の葬地は，その水系によってたどれるのではないかという考察もなされた[2]。いずれも古墳群とその被葬者の居住地域の関係を積極的に考察したもので，そこから導き出された結論からある一定の法則のある葬地が（一つの血縁的な氏族共同体といったものではないさらに大きい）すでに存在しているということはいえよう。

さらに後期群集墳が一定の墓域の中に整然と築造されている例として，静岡県中部に分布する群集墳についての辰巳和弘氏の詳細な研究がある[3]。

このような例から，すでに6世紀段階でも大きな力によって葬地が規制されつつある傾向がみられるが，これは徐々に力をもってきた中央権力と，群集墳の爆発的増加によって墳墓地を確保しようとする各豪族層の関係を反映しているものであろう。

7世紀になるとその傾向はいっそう顕著になる。畿内先進地域では新たに群集墳の築造はおこなわれなくなり，横穴式石室への追葬が一般化し，7世紀後半をむかえる。

この群集墳築造の中止は，土地制度の変革，すなわち大化甲申詔にみられる土地の公有化と密接

につながるものであり，畿内においては，それが
さらに一段階古い時期から試行されつつあったと
考えられる。

終末期古墳と呼ばれる一群のものは，このよう
な社会状勢の中でなおかつ築造された，きわめて
特殊な古墳をさすもので，当然その数も少なく，
被葬者層も限定される。かりに7世紀の第一四半
期から第三四半期までを終末期前半とし，それ以
降を後半としてみるならば，前半期に属すとみら
れるものには，明日香村越の岩屋山古墳をその典
型とする，いわゆる岩屋山式石室墳[4]がある。桜
井市ムネサカ1号墳，平群町西宮古墳，橿原市小
谷古墳，天理市塚平古墳，新庄町神明神社古墳な
どがその例としてあげられるが，それは盆地各地
に，あたかもその在地の有力首長との密接な関係
が指摘できそうな分布をしている。それに比べて
後半のものは，数はより少なくなり，その分布範
囲も限られてくる。それらは，終末期古墳という
用語が学界で定着するきっかけとなった高松塚古
墳をはじめ，中尾山古墳，天武・持統合葬陵，菖
蒲池古墳，マルコ山古墳，キトラ古墳，束明神古
墳，鬼の俎，雪隠などで，藤原京の西南部一帯に
集中する。

藤原宮大極殿の中軸線を南に延長したライン上
に，菖蒲池古墳，中尾山古墳，高松塚古墳がほぼ
立地することから，これを"聖なるライン"と呼
び，その分布の企画性，被葬者層について多くの
意見が出された。1983（昭和58）年11月，テレビ
カメラを導入した新しい方法によってその壁画の
存在が明らかになったキトラ古墳がまた，ほぼこ
のライン上に位置することも明らかになった。

このように一定の範囲に終末期古墳が集中する
ことは，この地域，すなわち佐田，真弓，桧隈の
一帯が終末期古墳を築きうる人々の葬地として，
具体的には天武朝から平城遷都までの期間，利用
されたからであろう。

喪葬令の「凡そ皇都及び道路の側近は，並びに
葬り埋むること得じ」の規定は，大宝令まで遡
り，藤原京についても同じように実施されていた
ことは，この分布状況が証明しているが，さらに
この規定は浄御原令にもすでに存在していた可能
性が強い。ただ問題は，この藤原京西南部の葬地
内に存在する古墳の数がそれほど多くなく，それ
ぞれ特徴をもつきわめて特殊なものであるから，
その被葬者も皇族を含む最上級の官人層と考えら

れることである。それでは他の当然墓を作れる立
場にあった人々はどこに葬られたのであろうか。

この問題を考える時に思いうかぶのが，冒頭で
のべた威奈真人大村の墳墓である。慶雲4（707）
年，越後から送られてきた彼の遺骨は自らの本貫
地でなく，都から西へ約13kmの当時の難波への
主要ルートの一つであった穴虫越えの近くに葬ら
れた。

この地域には他にもいくつかの火葬墓が知られ
ている。香芝町穴虫から出土した凝灰岩製の家型
骨蔵器や当麻町加守から出土した金銅製骨蔵器な
どがそれで，詳しい年代の検討はさらに必要であ
るが，かつて指摘した通り[5]，8世紀初頭前後にこ
の地帯が葬地として利用されていたであろうこと
は容易に想像できよう。またこの地帯には後期の
群集墳がほとんどみられないことも注目に値す
る。

さらに目を東に転じれば，藤原京の東約15km
の地に壬申の乱に際し舎人として活躍した正四位
上の文忌寸禰麻呂の墓誌をもつ墳墓が存在する。
宇陀郡榛原町八滝の丘陵上南斜面に立地するこの
墓は，威奈大村と同年の慶雲4（707）年に造られ
たことが墓誌により知れるが，昭和57年度の発
掘調査で2.55m×2.0mの方形土壙の中に木炭が
敷かれている遺構が検出されている[6]。

この地域でも他にいくつかの例が確認されてい
る。戦前発見され，東京国立博物館に所管されて
いる凝灰岩製石櫃外容器をもつ金銅製壺を出土し
た宇陀郡大宇陀町拾生の拾生古墓，鉄板を副葬し
ていた榛原町荻原字岩尾の古墓などがそのおもな
もので，今後さらに確認される可能性は大きいで
あろう。

以上のべたことにより，平城遷都以前にも喪葬
令の規定が充分実行されていたことを知ることが
できよう。単に京南の一角だけでなく，都を中心
に東西ほぼ同じ距離をへだてた，一方は難波へ
の，一方は東国への主要交通ルートの周辺に公葬
地が設定されていたものと思われる。ただ"天下
の火葬は之に始まれり"として最初に『続日本紀』
に記された道昭の火葬は，文武4（700）年であり，
文献に記載されていない例の存在を考慮に入れて
も，火葬の風は7世紀末以前にはそれほどさかの
ぼりえないと思われる。もうすでに薄葬思想は広
がりつつあったが，終末期後半の開始時期から火
葬墓の流行までの間には，まだ若干の時間があっ

たと思われる。藤原京時代の第一等の葬地であった京南葬地内では，中尾山古墳と持統陵（本来は天武陵で石室墳）の2基が火葬墳であるほかは，すべて従来の古墳と変わらない。これらと同時期の古墳が，二上山周辺と榛原近辺の葬地の中に存在しているかどうか問題となろうが，すでにきわめて特定の人物以外には高塚を築き得なかった時期であり，京南葬地以外に数が少ないのは当然であろう。北葛城郡当麻町周辺でいくつか知られる終末期古墳についての解釈の方法で，これらの問題は解決の糸口を見い出すことができるかも知れないが，今後さらに詳しい検討が必要であり，ここでは仮説として提示しておきたい。

2 奈良時代の官人墓

　平城遷都以前の古墳と墳墓について，多くの紙数を費したが，以下平城京を中心とした奈良時代の墳墓の分布，および文献からみた律令官人の墓について考えてみたい。

　「養老喪葬令」には，皇陵への陵戸の設置規定からはじまり，服喪，死亡時の賻物，葬送時の装束などの規定が記されているが，直接われわれが遺跡・遺物を通して検討できる項目について少し詳しくみてみよう。

　「凡そ皇都及び道路の側近は，並びに葬り埋むること得じ」の規定は，太宝令にもすでに存在していたようで，藤原京についても実施されていたこと，それはさらに遡る可能性のあることをさきに記したが，平城京においてはさらに徹底されていたようである。

　「凡そ三位以上及び別祖・氏宗は並びに墓を営むことを得。以外はすべからず。墓を営むことを得といえども大蔵せむと欲せば聴せ」の規定は，三位以上のものと，分かれた氏の始祖と各氏の上は墓を造ることがゆるされていたが，それ以外は禁じられていたこと，ただし墓を営みうるものでも大蔵を願えばゆるす，ということである。この大蔵については，火蔵の筆写の際の誤記であるにしても[7]，また「古記」の「全く骨を以って除ち散らす也。若くは骨を以って墓に置くも又その意に任す也」というように，「骨を以って除き散らす」が散骨を意味し，「骨を以って墓に置く」が火葬した骨を拾って骨蔵器に納め墓を作ることであっても，いずれにしても火葬を前提とした葬法が存在したことを示している。しかし，それは少

なくとも三位以上，及び別祖・氏宗の間では主流の葬法ではなかった。

　「凡そ墓には皆碑を立てよ。具官姓名之墓と記せ。」の規定は，官，姓名を記した墓碑を建てることを奨励している。しかし，墓誌についての規定はない。以上の大きく分けて3点が直接検討し得る項目であろう。

　それではまず葬地の問題からみてゆこう。『続日本紀』や『万葉集』，『公卿補任』，『武智麻呂伝』，『延喜式』などに，平城京北方の佐保，佐紀丘陵での天皇・貴族の火葬・埋葬の記事がみられることから，この丘陵地帯が奈良時代の一等葬地であったことは，古くからいわれてきたことで，聖武，元明，元正，孝謙陵の存在は，それを証明していることであり，藤原不比等，藤原武智麻呂，藤原宮子，大伴書持などの火葬記事は，この一帯が貴族の中でもとりわけ身分の高い人達の埋葬地，もしくは火葬地であったことを示している。

　昭和54（1979）年の冬，奈良市の東郊，此瀬町の茶畑で発見された太安萬侶墓は，奈良時代の葬地の問題を考える上に大きい解決の糸口を与えてくれた。従来，この平城京から東に山を越えた田原の里には，春日宮天皇（志貴皇子）陵，光仁天皇陵が知られていたが，安萬侶墓の検出と，その後の分布調査で数多く確認された奈良時代墳墓の存在から，この一帯も当時の葬地であった可能性がきわめて高くなった。同時にこれらの発見は，平城京を中心としてほぼ対称の位置にあたる生駒谷の行基墓，美努岡萬墓の解釈にも大きな示唆を与えてくれた。

　つまり，これらの事実から喪葬令の規定にもとづき，都を離れた地域に葬地が設定されたとみられることで，それは，佐保，奈良，佐紀といった平城京北方地区であり，大和高原の田原地区であり，生駒山東麓部であった。

　またこのほか，都祁，笠におよぶ大和高原地帯にも同様に，散在的ではあるが一定のまとまりをもった墳墓群が存在する。

　それらの相互関係については，先の文献に見る通り，平城京北方の地域が一等地であり，その他の地域がそれに次ぐのであろうが，やはり都への距離もいくぶん考慮に入れるべきであろう。

　この平城京と葬地の位置関係は，先に記した藤原京のそれとの関係と酷似する。すなわち平城京北方の陵墓群は，藤原京西南の終末期古墳群に対

7世紀後半～8世紀初頭　　8世紀

飛鳥時代後期～奈良時代の主な葬地

応し，生駒山東麓部は二上山周辺部に，大和高原北部は榛原町桜牧の一帯に対比できる。いずれも当時の主要道路と密接な関係にあることも共通する。さらに天平元（729）年謀反のかどで悲業の死をとげた長屋王とその妃吉備内親王の墓が，生駒谷の南の平群谷北部にあることは，同じく謀反の罪で自害させられ，二上山に葬られた大津皇子の姿とオーバーラップする。共に当時の公葬地に葬られたのであろうが，一等地でないところが興味深い。天智の皇子であり，あまり脚光をあびることのなかった志貴皇子の墓と，その皇子で久しぶりに天智系から即位した光仁天皇の改葬された陵が，平城京北方でなく，田原の地にあることも葬地にいくらかの格差があったことの傍証といえるであろう。

以上推論を交えて奈良時代墳墓の分布について概観したが，当然詳細な検討は必要である。例えば，昭和58（1983）年冬からほぼ1年がかりで橿原考古学研究所によっておこなわれた，佐保山遺跡群の調査[8]では，42基にのぼる奈良時代中期～平安時代初期の古墓が確認されている。3カ所の東西にのびる尾根の南斜面に営まれたもので，「①骨壺（薬壺形の須恵器を使用，土師器甕を使う場合もある）を土壙に入れているもの，②長方形の土壙を掘り，片側に土師器を副葬し，片側に木箱（1m四角ぐらい）のようなものをおき，これを焼いているもの，③土師器甕2個の口縁部をあわせ，横位置にしたもの（弥生時代の合口甕棺とまったく同じ状態である）。」の3つの形態に分類でき，その中の最も多いものは②のタイプという。調査担当者は，下級官人層の古墓群と考えている。この地域は，陵墓群よりさらに北西の奥まったところにあたり，両者の間に厳然とした区別はあるが，同じ京北方の丘陵上に存在することは認識しておくべきであろう。これは，さらに『日本霊異記』上巻第12に述べられている元興寺僧道登が，奈良山の渓谷にころがり人畜にふまれていた髑髏を丁重にまつり恩をうけた，という説話とも関係する。これらは，当時この一帯は地区の差はあれ，天皇から庶民にいたるまでの葬地であったことを示している。

それでは被葬者層間による葬地の格差は存在しなかったのであろうか。この問題については，太

35

安萬侶墓や美努岡萬墓の立地，規模が解決を与えてくれよう。

前者は，東西にのびる丘陵の南斜面の中腹よりやや高いところの，底辺約 100 m，上辺 50〜60 m，高さ約 40 m の台形部分が墓域と考えられ，後者もまた尾根の頂上やや下ったところに同様の立地をしている。このあり方は，佐保山遺跡群の墓の密集する状況とは異なり，それはとりもなおさず被葬者層の身分の差をあらわしているものと思われる。佐保山のものが骨蔵器以外の副葬品を持たないこともそれを示していよう。

それでは一定の墓域を持ち得た官人は，どのクラス以上であったのか。先にも指摘した通り墓誌を持つ人々は確認されている限り，正三位の石川年足から従七位下の伊福吉部徳足比売の位階の人達である。それはとりもなおさず，墓誌という墓碑にかわるものを作りうる階層の人々であった。

その出土状況が比較的明らかな，小野毛人，太安萬侶，美努岡萬，文禰麻呂墓などは封土を持っていたようで，筆者は封土を持つ墓，すなわち墳墓と，封土を持たない墓との間には大きな差があると考える。喪葬令とはいささか矛盾するが，実際には墓誌を持つ階層の者は墳墓を築き，原則として官の定める葬地に一定の墓域を与えられ葬られたものと考えたい。ただ一部の例外を除く（たとえば石川年足）三位以上の官人，皇族の墓には原則的に墓碑が建てられていたのであろう。

佐保山遺跡群も，ある意味では一定の葬地の中に営まれた古墓群であろうが，個々の墓域をもつ墳墓とは区別して考えるべきであろうし，そう解釈すれば，平城京北方の陵墓地帯が一等地としての機能を失うことはなかろう。

墳墓の分布・立地に関してさらに付け加えておくならば，終末期古墳後半期がすでにそうであったように，後期古墳群とはその分布地域が重複しない。それは平城京を囲む 3 つの墳墓地帯にも共通することで，田原地区を具体例としてあげるならば，現在の県道大柳生・天理線という東西の道路を境とし，南に古墳群地帯，北に墳墓地帯とはっきりと分かれている。これは当時の土地制度と密接にからんでくる問題で，新たに葬地を設定した結果と考えられる。

しかし群集墳内に含まれる奈良時代の火葬墓が存在することも事実である。たとえば，桜井市忍坂 10 号墓は，凝灰岩製の外容器をもつ金銅製の骨蔵器（現在骨蔵器は失なわれている）であったらしいが，この墳墓は 6 世紀初頭からほぼ 2 世紀にわたり止切れることなく営まれた古墳群の中に位置している。立地からみても先の古墳に連続するものであり，これは伝統的，いいかえれば在地性の強い性格をもった墳墓といえる。

船首王後（668），下道圀勝・圀依母夫人骨蔵器（708），伊福部徳足比売骨蔵器（710），采女氏塋域碑（689）など比較的初期のものに刻まれた文面にみられる，墓所の永遠性を強調する姿は，永く続いた土地私有制から土地の公有化へと移りゆく社会状勢に対する精一杯の抵抗とも考えられよう。

この墓制の変化は，古墳の築造がきわめて政治的であった時代から，その政治性が失せ，単に死者を葬る墓のみへと転換してゆく過程を，律令体制によって推進された土地の公有化という具体的な事実を反映しているものであろう。

墓誌をもつ墓がきわめて少ないこと，またその他の骨蔵器などをもつ墳墓の被葬者の具体的に明らかにしえないこともあり，律令官人の墓の実態について多くを語ることはできないが，太安萬侶が生前は左京四条四坊の地に住み，出身地は現在の田原本町多であるにもかかわらず，奈良市此瀬に葬られていること，小治田安萬侶が同じく生前は右京三条二坊に住み，出身地はおそらく飛鳥の小墾田であるにもかかわらず，山辺郡都祁村甲岡に葬られている事実が端的に物語っているように，律令官人は，原則として公の葬地に葬られたものであろう。その葬地，規模を決定するにあたっては諸々の要素（例えば身分や生前に被葬者が置かれていた立場など）が含まれていると思われる。

註
1) 白石太一郎「大型古墳と群集墳」橿原考古学研究所紀要考古学論攷，第 2 冊，1973
2) 菅谷文則「六世紀の墓地と村落と水源」ヒストリア，72，1976
3) 辰巳和弘「密集型群集墳の特質とその背景」古代学研究，100，1983
4) 白石太一郎「岩屋山式の横穴式石室について」ヒストリア，49，1967
5) 前園実知雄「まとめ」『太安萬侶墓』奈良県史跡名勝天然記念物調査報告，43，1981
6) 泉森 皎「文禰麻呂墓発掘調査概報」『奈良県遺跡調査概報』1981 年度，1982
7) 藤沢一夫「火葬墳墓の流布」『新版考古学講座』6，1970
8) 伊藤勇輔「佐保山遺跡群」奈良県観光，330，1984

平安京の墓（平安・鎌倉・室町時代）

平安博物館
■ 寺 島 孝 一
（てらしま・こういち）

京内の遺体の埋葬を禁じたのは古いが，10世紀以降になると京
内にも墓が形成され始め，鎌倉から室町時代にかけて増大する

1 はじめに

　平安京は延暦13年（794）の遷都以来，平安時代の400年間はもちろんの事，鎌倉や江戸に政権が移った後においても，政治・文化の中心であり続けた。その中で，天皇の居所＝都としての種々な規制の中で，葬法，葬地とも各時代の社会的条件や都市の変化を受けてさまざまに変化していったようである。このうち平安時代の墓地については，これまでのところ発見例が極めて少ない。鎌倉時代以降については，近年次第に調査例が増加しており，町と墓域のあり方も明らかになりつつある。ここでは文献に見える平安京およびその周辺における天皇から庶民に至る葬送の例とあわせて，平安京をめぐる墓地と墓制について考えてみたい。

　なお，平安京および中世京都の墓地については，数年前に五十川伸夫氏が論考をまとめられている[1]。本稿はそれをふまえて，それ以後に発見されたいくつかの新史料を紹介し，筆者の若干の考えを述べたものであることをお断わりしておきたい。

2 発掘された平安京の墓

　平安時代における墓の発掘例は極めて少ない。これは，基本的に死者の埋葬を禁止していた京内区域に発掘調査が集中しており，平安時代の葬地であった地域に及んでいないという理由による面が多い。

　京内で平安時代の墓としてあげられるのは右京三条三坊で発見された木棺墓である[2]。工場建設の事前調査で，文献史料からは邸宅などの存在は知られなかったが，発掘の結果溝や柵に囲まれた邸宅跡が検出された。邸宅が営まれた時期は9～10世紀代で，7棟以上の建物が整然と配置されていた。この邸宅跡の北西隅に墓が検出された。墓は南北1.9m，東西0.6mの掘方の中に長さ1.6m，幅0.4mの木棺が埋納されていた。棺内

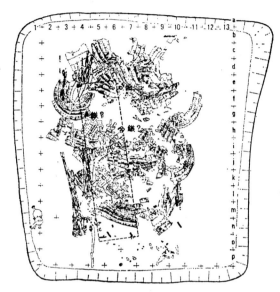

図1　法住寺殿跡で発見された甲冑を収める土壙

には副葬品として皮製の折敷の上に化粧道具と考えられる漆塗りの皿と合子，毛抜き，銅鏡さらに黒色土器と須恵器壺が納められていた。また棺蓋上には土師皿が2枚置かれていた。遺物からみて墓は建物群と同時期の10世紀代のものと考えられた。

　平安時代後期の埋葬例としては，後白河法皇の院の御所である「法住寺殿」跡で発見された土壙墓がある[3]。これは，南北3.4m，東西3mほどの隅丸方形の土壙で，平安時代の甲冑・弓矢・馬具などとともに人間の歯が出土している（図1）。5例を検出した甲冑の出土状況は極めて特殊で，まず，ほぼすべてが裏返しの状態で置かれている。報告者によれば「わざわざ鎧を広げて，さらにこれを意識的に裏返して置いた」ような状況が考えられると言う。

　また兜はいずれも墓壙の北半部分に，前の部分が北に向くように置かれ，鎧についても北を明らかに意識したものであった。

　甲冑の下部からは蓆状のものがほぼ全面に敷きつめられていたと思われる状態で認められてい

37

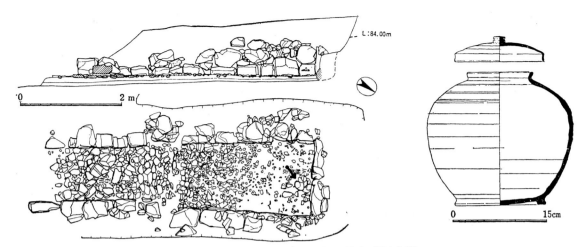

図 2　音戸山 5 号墳と発見された蔵骨器（矢印が出土位置）

る。この土壙からは木棺片は全く検出できなかったが、出土した鉄釘の位置から復元すると、ほぼ南北方向で 2m×0.5m の木棺を想定できるという。そして出土した歯はこの木棺の北端に近い部分に位置していた。

これらの調査結果から「主軸が北を示す方形の土壙を掘り、平坦な床面全体に席を敷きつめ、北を意識しながら、鞍や鎧を拡げて裏返しにして並べる。その上に死者を入れた木棺を置き、棺の両側に箙に盛った矢を向い合せて配し、弓を棺の上に置いて、さらに棺の南に馬具を置く。そして掘り上げた土で静かに埋める。」という手順の埋葬過程を復元している。

さらにこの土壙の西側には方形を呈する溝が検出されている。この溝の付近の井戸中から、凝灰岩の地覆石が投棄された状態で大量に発見された。凝灰岩は本来この溝に並べられていた可能性があり、また主軸方向も一致し、年代的にもほぼ同時期のものと考えられることから、土壙と溝（堂宇）が密接な関係を有していると考えられた。

被葬者については特定が困難であったものの、いずれにせよ法住寺殿に関係する武将であったことは副葬品から確実と考えられ、この時期の武士の葬法の一例として貴重な資料と言うことができよう。

平安時代前期の火葬墓の例としては音戸山 5 号墳をあげることができる[4]。この古墳は京都市右京区鳴滝にある古墳群のうち 8 基以上からなる一支群のうちの一つである。7 世紀前半の無袖式横穴式石室で、組合式石棺の破片が内部から発見されている。この奥壁付近で人骨を含む猿投窯産と考えられる灰釉蓋付薬壺が発見されている（図 2）。高さ 21.3cm、最大径 23.2cm で、蓋は口径 13.9cm であった。他にも平安時代前期の土器類が発見されており、この時期にこの古墳の石室が開口されており、「当時の貴族層を対象に流行した蔵骨器の埋納に絶好の空間を提供したもの」としている。

また伏見区竹田では白河天皇の陵墓が発掘されている[5]。といっても勿論主体部ではなく、水田として利用されていた周濠部分である。肩部に一辺 1m 以上の石を用いて 3 段の石組を行なったもので、過去に宮内庁の実施した調査で検出した例とあわせて、内側で一辺 56m の堀を持つ陵墓であったことがわかった。現在の白河天皇陵は一辺が約 33m であるが、調査の結果鳥羽天皇陵などの規模 65m と大差のないことが判明したことになる。またこの堀は桃山時代に埋没したという。さらにこの堀の最下層から緑釉の泥塔が出土しているのが注目される。

鎌倉時代以降になると墓の発見例は多くなる。まず周辺地域としては京都市右京区の双ヶ岡西南麓にあたる常盤東ノ町で、鎌倉時代から室町時代の墓が 30 基以上発見された[6]。このうち鎌倉時代前期～中期の一群（3 基）はほぼ南北に伸展葬した木棺墓であった。鎌倉時代末～室町時代にかけての墓は 1 例を除き座棺に屈葬されたもので、鎌倉前～中期の 3 基の木棺墓の東側に密集していた。副葬品としては六文銭・漆椀が認められている。

この遺跡の西南に位置する常盤仲ノ町遺跡でも鎌倉時代～室町時代にかけての木棺墓・土葬墓

が発見されている[7]。

また，右京区嵯峨野古墳群のうちの一つである御堂ケ池11号墳では，本来の石室の床面の上にもう一枚の床面が検出され，15世紀代の土器とともに，人骨と鉄釘が発見されている[8]。鉄釘は木棺に使用されたものと考えられ，前述した平安時代前期の蔵骨器を収めた古墳と同様，横穴式石室を再利用したものである。嵯峨野広沢古墳でも15世紀代の遺物を検出しており，横穴式石室を再利用した墓は，近畿地方でとくに中世に多くなるようである。

同志社女子大学構内では室町時代後期の墓が11基発見されている[9]。墓は頭位が北で，顔が西を向く屈葬人骨を入れる1mほどの楕円形の土壙や，備前・常滑焼の組みあわせの大形の甕棺などで，副葬品としては六文銭などが出土している。またこの墓域からは一石五輪塔が多く出土しており，その記年銘から，これらの墓が16世紀中葉〜後半にかけてのものであることが判明した。寛永14年（1637）の古図には，この地に報土寺の寺地があり，この寺に関連した墓地である可能性も考えられている。同志社大学構内では，他にもいくつか土壙墓が検出されている。

京都大学構内でも墓がいくつか発見されている。このうちAT27区では5基の土壙墓が検出された。残存状態の良いSK3は，すり鉢状をなす掘形の底に1×2.1mの長方形の浅い掘り込みを作る。その底部で鉄釘と木片が出土しており，分布範囲から0.6m×1.8mの木棺の存在を推定している[10]。棺内北西隅からは11〜12世紀初頭の定窯系白磁小椀が出土している。AO18区では室町時代の墓が2基検出されている[11]。この墓は常滑の甕や羽釜を利用したものであった。この墓の周辺には同時期の建物などが散在していることから，住居と墓が近接して作られていたことが指摘された。他にBE29区では鎌倉時代の火葬塚が発見されている[12]。

僧侶の墓では，東山区東福寺で，第三世大明国師（1291年没）の墓（0.9m四方の石室）から高さ10.4cmの銅製円筒形の蔵骨器が出土している。また第六世円鑑禅師（1308年没）の墓からは白磁香炉がみつかっている。

伏見区醍醐の三宝院宝篋印塔（重要文化財）は三重の基盤を持つ宝篋印塔として知られているが，この修理に伴って発掘調査が実施された。寺伝によると，この宝篋印塔は醍醐寺65代座主であった賢俊の墓とされていたが，調査の結果基壇内で15，その周囲をとりまいていたものも含めると全体で24基の埋葬施設が確認されている[13]。基盤内には，宝篋印塔直下に，2つの蔵骨器が上下に重なって発見され，基盤周辺部に，各辺3個ずつの蔵骨器が規則的に配列されていた。

これらの蔵骨器は常滑産を主体とするが，備前焼など他の地方産のものも含まれ，焼成年代としては，12世紀末〜14世紀のものであるという。1つの宝篋印塔の基壇内でこのような形で埋葬施設が発見された例はなく，僧侶の埋葬形態の一つの典型として注目されるところである。

寺内における鎌倉〜室町時代の墓地も近年検出例が増加してきた。

まず京都駅の北側，烏丸通と堀川通にはさまれた地域で大きな墓域が確認されている。まず東本願寺前の烏丸通で鎌倉時代〜室町時代の墓が数多く発見された[14]。鎌倉時代の土壙墓は，円形・楕円形・隅丸方形などの平面形で，直葬と考えられている。室町時代に入ると，土葬と考えられるものの他にも，捏鉢や大甕・羽釜などに火葬骨を納めたと考えられるものが多く出現する。東本願寺前の墓域はさらに東西に広がり，東は枳殻邸近くまで続くと思われる。また東本願寺の西端区域を本年の春に筆者が発掘した結果，多数の羽釜，大甕などが発見された。人骨そのものは発見されなかったものの，埋納状況から蔵骨器と考えられ，墓域が広大な広がりを持つことが確認された。

また墓域の下層からは，北小路に面すると思われる築地の柱列と考えられる礎石列が10数個ならんで発見されている。このことから，平安時代〜鎌倉時代前期まで，邸宅が営まれていたものが廃絶した段階で，道路部分にまで墓域が拡大していったことが理解できるのである。

東本願寺の西南に隣接する塩小路新町通付近でも数百にのぼる室町時代の墓が発見されている[15]。東本願寺の同時期の墓と同様に，常滑産の大甕・羽釜を蔵骨器として埋葬しているものが多いが，火葬骨をそのまま埋葬する例もある。副葬品としては六文銭などが認められた。これらの調査結果からみて，現在の京都駅から東本願寺にかけての地域は，鎌倉時代後半〜室町時代にかけて，広大な墓域を形成していたことが知られるのである。

39

図3 烏丸御池で発見された土壙墓

次にやはり烏丸道路沿いで，現在の御池通（三条坊門通）周辺に室町時代の墓域があることが近年の調査で判明した[16]。

発掘調査したのは烏丸御池西南角で，テナントビル建設に伴って，約3,000m²が調査対象となった。この一帯は，院政期には政治の中心地であって，すぐ南側には三条西殿，北側には押小路殿など，院の御所が数多く営まれた枢要の地域であった。

墓域は，東側および北側が調査対象地外にまで続くので，その規模の全容をつかむのは不可能であったが，調査した部分だけで，東西約30m，南北8mの範囲に98基の土壙墓や集石遺構を確認している（図3）。

このうち主体となるのは土壙墓で，41体の人骨を検出した[17]。墓壙はほぼすべてが，南北75〜80cm，東西40〜50cm程度の規模の隅丸方形の形状をなし，人骨はすべてが頭位を北にする。体は西に向けた横臥屈葬が圧倒的に多く，伸展葬は全く見られない。またわずか1例ではあるが抱石葬かとも考えられる人骨が検出されている。

副葬品はこの時期の墓の通例としてきわめて乏しく，いずれの墓にも共通して埋納されたと考えられるのは六文銭と漆塗の椀のみであった。他に発見されたものとしてはガラス製の珠数玉1点とビーズ玉1点のみで，土器など，他の副葬品は全く検出されていない。

六文銭は土壙内で原位置で発見された場合，必ずしも六枚揃っていない場合でも[18]，ヒモを通したか，あるいは袋に入れたかしたように整然と重なって出土している。埋納されていた位置は頭部から胸にかけてであって，これは漆塗椀についても同様であった。

集石墓と判断したのは全部で17基である。このうち確実に人骨を伴ったのは1例のみであったが，調査地における集石のあり方から，本来集石墓であったものが，後世に破壊されたと考え，この範囲に含めた。

残存状況の良好な1例では，検出面よりの深さ約60cmの円形の墓壙を検出している。底面は球形に凹み，その部分に径20cm以上の大きな礫を厚さ30cm近く積んでいた。この礫の上に遺体がヒザを折り曲げた座位で埋葬されたと理解された。土で埋めた後に，盛り上った土の上に礫を置いたと思われ，墓壙を中心に径1mの範囲に拳大の礫が敷きつめてあった。また羽釜と焼けた人骨の小片も1例だけ検出されている[19]。

左京五条三坊十五町（烏丸通綾小路路下ル）では鎌倉時代〜室町時代の木棺墓と考えられる遺構が4例発見されている。最も残りの良い墓Cでみると，長辺160cm，短辺75cmの東西に長い構造で，各辺には厚さ約1.2cmの腐材が認められた。また4か所から釘と考えられる鉄分を検出した。四隅および長辺中央に直径5cmの柱穴が認められ，短辺中央部分にも柱穴の痕跡がある。内部から検出された遺物は土師皿がほとんどで，他に黒漆椀3点の少片も検出されている。これらの遺物はほぼ同一レヴェルで出土しており，下部への入り込みは少ないという。

烏丸中立売下ル御苑町においても室町時代の墓地が発見されている[20]。ここでは直径1mの不整円形をなす土壙が検出されており，火骨をそのまま埋葬したと考えられている。他に羽釜などを蔵骨器としたものも発見されている。

3 まとめ

文献より見た平安京およびその周辺の墓地・墓制とくに天皇・貴族に関しては，すでに優れた論考がいくつも発表されており[21]，ここではとくにふれない。ここでは都あるいは町としての平安京・京都と墓地との関連についてふれてみたい。

京内およびその近辺への遺体の埋葬を禁じたのは古く，大宝喪葬令皇都条に「凡皇都及大路近辺並不得葬埋」と定めてあったという。平安遷都2年前の延暦11年（792）には「禁葬埋山城国紀伊郡深草山西面。縁近京城也」と，長岡京にさほど近接しているとも思われない深草山西面への埋葬も禁止しているほどである。平安時代に入って

も実際に律令制度の機能している間は京内での埋葬はほとんど行なわれなかったものらしく，これまでの調査での発見例はない。しかし10世紀に入ると西市の荒廃をはじめとして，右京全体がいちじるしく衰退する。このような流れの中で右京三条三坊で検出されたような邸宅内への埋葬が現われてくると考えられよう。

庶民についても，延暦16年（797）に「山城国愛宕葛野郡人，毎有死者，便葬家側，積習為常，今接近京師，凶穢可避。宜告国郡，厳加禁断。若有犯違，移貫外国」の勅があり，京域近辺の埋葬を禁じている。さらに約70年後の貞観13年（871）には葛野・紀伊両郡内にそれぞれ「葬送並放牧の地」を定め庶民の葬地を限定している。しかし実際には承和9年（842）の「勅左右京職東西悲田並給料物。令焼歛嶋田及鴨河原等髑髏。惣五千五余頭」にみえるように　庶民は河原に打ち棄てられていたようである。可原までも運ばれず京内にも遺棄されていたことは『中右記』などにもみえ，『今昔物語集』に描かれた羅城門の「上ノ層ニハ死人ノ骸骨ゾ多カリケル。死タル人ノ葬ナド否不為ヲバ，此ノ門ノ上ニゾ置ケル」という言葉からも充分にうかがえるのである。

鎌倉時代から室町時代に入り町衆の抬頭と呼応するように，京内の墓地の検出例は飛躍的に増大してくる。このなかでも東本願寺周辺の広大な墓域と，烏丸御池の100基近くの墓群はとくに注目されるところであろう。応仁の乱前後，京の荒廃が進み，人々の居住する区域も上京と下京に二分されていた。烏丸御池の墓域はちょうどその中間の荒廃地に当り，東本願寺周辺の墓地群は下京の南に広がっていた。都としての種々の規制がなくなるのと併行して，それまでは河原に遺棄されていた庶民が粗末ながらも墓を形成するに至るのであろう。

このような京都の景観は，豊臣秀吉による御土居の構造・寺町の形成といった都市改造によって，現在の京都の原型にと変化して行くことになるのである。

註
1) 五十川伸夫「平安京・中世京都の葬地と墓制」京都大学構内遺跡調査研究年報，1980

2) 京都市埋蔵文化財研究所編『平安京跡発掘資料選』1980
3) 古代学協会編『法住寺殿跡』平安京跡研究調査報告13，1984
4) 京都市文化観光局・京都市埋蔵文化財研究所『音戸山古墳群発掘調査概報』1984
5) 京都市文化観光局・京都市埋蔵文化財研究所『鳥羽離宮跡発掘調査概報』1984
6) 京都市埋蔵文化財研究所『常盤東ノ町古墳群』京都市埋蔵文化財研究所調査報告I，1977
7) 京都市埋蔵文化財研究所『常盤仲ノ町集落跡発掘調査報告』京都市埋蔵文化財研究所調査報告III，1978
8) 京都大学考古学研究会『嵯峨野の古墳時代』1971
9) 同志社大学校地学術調査委員会『同志社女子大学図書館建設予定地発掘調査概要』同志社大学校地学術調査委員会資料，No. 8，1976
10) 京都大学埋蔵文化財センター『京都大学構内遺跡調査研究年報昭和55年度』1981
11) 京都大学埋蔵文化財センター『京都大学構内遺跡調査研究年報　昭和53年度』1979
12) 註11) に同じ
13) 増田孝彦「重要文化財三宝院宝篋印塔基壇の発掘調査」京都市埋蔵文化財センター研修資料No. 84234-86
　『第3回　小さな展覧会―昭和58年度発掘調査の成果から』1984
14) 京都市高速鉄道烏丸線内遺跡調査会『京都市高速鉄道烏丸線内遺跡調査年報I　1974・75年度』1980
15) 京都市埋蔵文化財研究所『平安京左京八条三坊十一町』1982
16) 寺島孝一編『平安京左京三条三坊十一町』平安京跡研究調査報告14，1984
17) 原位置を保つと考えられる人骨で，集石などの伴わない土葬骨をすべてこの範囲に入れた。
18) 副葬されていた古銭は4～6枚が多く，7枚以上埋納されていた例は全くない。4～5枚しか検出されなかったものについても本来6枚をたばねてあったものと推定される。この時期には六文銭という概念がすでに定着していたものと考えられる。
19) 佐々木英夫編『平安京左京五条三坊十五町』平安京跡研究調査報告5，1981
20) 註14) に同じ
21) 高取正男・井上満郎『貴族の信仰生活』京都の歴史1―平安の新京，学藝書林，1970
　田中久夫「文献にあらわれた墓地―平安時代の京都を中心として―」日本古代文化の探究―墓地，社会思想社，1975
　斎藤　忠『墓地』近藤出版社，1978
　および註1) などがある。

武将の墓（鎌倉～安土桃山時代）

武相学園長
■ 日野一郎
（ひの・いちろう）

墳墓上の木造塔婆は11世紀に始まるが，石造塔婆の発達
とともに，墳墓標識として種々の形式のものが造立された

1 平氏・源氏・北条氏—法華堂（墳墓堂）

藤原摂関家に代って政権を握った**平清盛**は源氏再興の報に深い怨みをもって東国平定を遺言し，都の九条河原口，平盛国家にあって1181年（養和元）病死した。その遺骨は播磨国山田法華堂に納めることとなった（『吾妻鏡』）。

この法華堂は追善・逆修を目的として法華経読誦の場であった。はじめ藤原氏は一門の墓所のある山麓に堂を設け法華三昧を修め，過去の福助と方来の恢弘を念じていた（『御堂関白記』）。やがて後白河院女御建春門院の1176年（安元2）葬礼に法華三昧堂をつくり，その下に遺骨を納めた石辛櫃を納めた（『玉葉』）。このようにして法華堂式墳墓が形成され，皇族・公家及び武将の間に行なわれたので，平清盛の墳墓もこれを採ったものである。神戸市兵庫区逆瀬川町の1286年（弘安9）銘十三層石塔は清盛追善塔の伝承がある。

平氏一門を滅ぼして征夷大将軍に任ぜられて幕府を樹立した**源頼朝**は，1199年（正治元）病死後，彼の廟上に法華堂がおかれた（『吾妻鏡脱漏』）。鎌倉市雪ノ下大蔵に，頼朝塔といわれる江戸時代の石造五層塔がある。この附近にその法華堂があった。

頼朝の女三幡は1199年（正治元）夭折し，母政子の歎きの中に亀ヶ谷にその墳墓堂を造り仏事を修めた。墳墓堂の名でよばれていた（『吾妻鏡』）。

1250年12月（建長2），北条重時，同時頼が大蔵にある右大将家（頼朝），雪の下大御堂（勝長寿院）にある右大臣家（実朝），同処の二位家（平政子）及び頼朝法華堂の東，山上にある右京兆（北条義時）の墳墓堂を巡拝したと記されている（『吾妻鏡』）。頼朝のほかに**実朝**（1219・建保7），**政子**（1225年・嘉禄元），**義時**（1224年・貞応3）も墳墓堂におさめられた。

鎌倉市扇谷寿福寺後山に，鎌倉後期の五輪塔をそれぞれ置く二つの「やぐら」がある。いま実朝及び政子の塔といわれているが，その供養塔であ

ろうか。

北条氏においては，時政の亡息三郎宗時の墳墓堂は伊豆北条桑原郷に設けられた。泰時は息**時氏**（1230年・寛喜2）墳墓堂において阿弥陀三尊新造供養を行ない追修を深めていた。時頼は兄の執権**経時**（1246年・寛元4）墳墓堂のある鎌倉佐々目にしばしば詣って供養を重ねている。

執権**北条時宗**（1284年・弘安7）は元軍来襲によく対応して心労極めて多く，34歳の若さで他界した。祖元禅師は彼のためにとくに「蛮煙を掃蕩した」と下火の法語をおくっている。時宗の墳墓堂は円覚寺仏日庵である。夫人**覚山志道尼**（1306年・徳治元）及び北条**貞時**（1311年・応長元）も仏日庵に合葬，のちに**高時**（1333年・元弘3）の遺骨も同庵におさめられた（『鎌倉市史』）。源氏・北条氏の有力者の墳墓に法華堂式が造営されたのである。

2 墳墓上の石造塔婆

11世紀にすでに墳墓上に木造塔婆をおくことが皇族，貴族の間に行なわれたが，石造塔婆の発達とともに逆修，追修の供養目的にとどまらず，墳墓標識として種々の形式のものが造立されてきた。すなわち重層塔，宝塔，多宝塔，五輪塔，宝篋印塔あるいは笠塔婆，さらには自然石を含めた板碑，仏門に入ったものが主としておこす無縫塔などである。

武将の信仰により，密教によるもの，浄土に係るものなど塔形式がえらばれる。五輪塔，宝篋印塔，板碑のようにのちには宗派を問わず造立されるものもある。

半永久的な石造塔婆であるが，自然の崩壊，人為の破壊はまぬがれない。武将すなわち軍事的・政治的権力者も，その時の社会的道徳観によって，土中の静寂な世界をおびやかされることもある。遺存された石造塔婆に時の推移を語らせている。

3 足利氏，楠氏

尊氏はみずから征夷大将軍と称し，光明院を擁

立して室町幕府をおこし，のち弟直義と対立し，また庶長子直冬とも争う間に1358年（正平13）病歿した。生前，洛中に創立した等持寺の別院北等持寺（のち等持院）に葬られた。現在京都市北区の同院中庭に尊氏塔として江戸時代の宝篋印塔がある。その台石となっているものはもと宝塔か層塔の基礎であって南北朝時代のもの。その四側面は輪郭をもってそれぞれ2区とし，1区毎に近江式の三茎蓮花文を陽刻してある。これが最初のものであろう。

鎌倉市亀ケ谷口長寿寺に尊氏塔といわれる「やぐら」内の小五輪塔がある。尊氏の生前よりあった寺に生母上杉清子が帰依した関係から分骨か追修のための者がおこされたのであろう。等持院の庭中に，石造十三層塔があって，足利氏歴代の遺髪塔（江戸）といわれている。

義詮は尊氏の三男。父を輔けて幕政を執り南朝に対抗し1358年（正平13）2代将軍となった。諸将の対立を抑え，内乱鎮定につとめ1367年（正平22）病歿した。生前参禅していた善入寺黙庵に依頼していた**楠正行**の首塚の同墓域に葬られた。正行もかつて黙庵に師侍していたので，その心境に対して義詮は敬慕するものがあったという。義詮の法号を宝篋院としたのでのち善入寺を宝篋院と改称した。いま京都市右京区嵯峨中院町の同院奥庭に義詮の石造三層塔（塔身四面金界四仏像陽刻）と正行の石造五輪塔（五輪四転の梵字を刻む）が並びたっている。

4　小田原北条氏

北条氏の祖，**早雲**はもと伊勢新九郎長氏と称し，のち仏門に入って宝瑞と号した。1491年（延徳3）堀越公方足利政知の子茶々丸を襲撃して伊豆韮山に築城し，いわゆる戦国の世を開幕した。小田原大森氏を謀って滅ぼし，三浦氏を平塚岡崎城に攻略し，相模を平定した。南関東にその威力ようやく及ぶこととなったが，1519年（永正16）韮山に病歿した。

その子氏綱，孫氏康は治績を大いに挙げたが，氏政の時1390年（天正18），秀吉の長期攻撃をうけて降服し，その子氏直が和議に当たり，氏政，弟氏照は責を負って自刃した。

北条氏歴代の墓塔と伝えられるものが神奈川県足柄下郡箱根町湯本早雲寺にある。その墓塔は頭部を櫛形にした丈高の角柱塔であって，右より，

早雲長氏，氏綱，氏康，氏政，氏直の死去の年月日と法号を塔正面にあらわし，早雲塔の背面に「寛文十二年（1672）八月十五日，従五位下北条伊勢守平朝臣氏治再建」と刻んでいて，北条氏後裔が，追修を兼ねた墓塔としたとみられる。

早雲寺は氏綱が亡父の遺言によって建てた寺で，開山に大徳寺の宗清以天を請じた。早雲をはじめ歴代ここに葬られたと思われる。現在，本堂後方に開山堂があって，その地下に遺骨を納める小空室を設けてあるというが，開山禅師は「墳墓をつくらず」と遺誡があったので歴代の住職の中には，ここへ納められた人もあろう。その左方に4級の石段上に大型の自然石がおかれているが，開山に関係するか，北条氏に係るものかとも思われる。その左方に伝宗祇法師の高さ2m，安山岩製宝塔型のものがある。室町中期に属す。塔身・相輪上部を欠き，寄せ集めともみられる。側面四面を2区ずつに輪郭をとる大きな基礎を関東独特の形式である。その側面のくぼみ面に文字があったが何らかの理由で削りとられている。北条氏研究家立木望隆氏は，これに早雲に関係するものが示されていたであろうとしている。開山堂内ととともに注意されるところである。

氏政，氏照の墓と伝える小五輪塔が小田原市栄町（駅前デパート裏）にある。小田原落城により自刃した兄弟の遺骸をこの地にあった北条氏の氏寺の一つ，伝心庵に葬ったという。伝心庵はのちに荻窪に移ったが，北条氏関係塔はそのまま遺された。しかしいまおかれている五輪塔は地下内部は別として，北条氏と関係のないものである（中野敬次郎氏調）。また氏照の小五輪塔が東京都八王子市宗閑寺にあるのは氏照が八王子城主であったことからの追善塔であろう。

氏直は家康の女を室としていたので死を免れて高野山に入り，その地で死去して小五輪塔を墳墓のしるしとしている（北条系図）。

5　武　田　氏

信玄は名を晴信，甲斐守護信虎の男である。父信虎が衆望を失ったのを機会に今川氏と結び，自立して1542年（天文11）信濃の諏訪頼重，村上義清を攻めてその全域を経略し，信越国境に上杉謙信と対立した。川中島の攻防は著名である。時に小田原北条氏と協約し，徳川氏とも図り強敵を破り，1572年（元亀3）三方ケ原に家康軍を大破し

翌1573年（天正元）三河野田城を攻略したあと，陣中に病を得て帰国の途次信濃下伊那郡阿智駒場に没した。戦国軍政家として四隣を制圧していた信玄の死は，戦国武将の反撃をはげしくおこすものとして，その死は秘められ，その葬地もかくされていた。

甲府市岩窪町の信玄墓地は信玄埋葬の伝承地。4級の基壇上に方錐形の塔身をおく。1779年（安永8）代官中井清太夫建碑。信玄夫人**三条氏**の墓（宝篋印塔）のある円光院住職獣禺和尚の撰文がある。信玄の遺体をここで仮埋葬，3年後改めて火葬し，塩山市小屋敷恵林寺に葬り，のち分骨してこの地におさめたという。恵林寺において遺骨をおさめた塚上に100回忌に当って大五輪塔を造立，その傍らに大宝篋印塔を立てて供養塔としたのである。甲府市古府中町大泉寺に小石造塔3基が並列するのがある。中央五輪塔は父**信虎**，右宝篋印塔が**信玄**，左宝篋印塔が信玄の第4子**勝頼**の塔である。

武田勝頼一族の塔が山梨県東山梨郡大和村景徳院にある。1582年（天正10）織田軍の攻撃をさけて岩殿城の小山田信茂を頼ろうとして叛かれ，天目山麓田野において抗戦して破れ，夫人桂林院（北条氏康の女），嫡男信勝らとともに自刃した。三塔とも近世のもので，勝頼の変形宝篋印塔を中央に，右夫人五輪塔，左信勝五輪塔としている。周辺一帯が当時の戦死者の墓域であり，この三塔はその総墓の供養塔の意義をも現わしている。

同県甲府市和田町法泉寺に勝頼首塚がある。小宝篋印塔をもってしるしとしている。その首級が京都六条河原にさらされたのを家臣がひそかに持ち帰って当寺内に埋めたという。

信玄の弟信繁は左典廐ともよばれ，兄に対し恭譲，内外の経略によく補佐し人望厚く，1561年（永禄4）川中島の戦で討死した。長野県更埴市川中島典廐寺に方柱型の標識を高坂弾正の手によってたてられている。

6　上杉氏

謙信は越後守護代長尾為景の子。名を輝虎。国内の動揺を制し難い兄晴景に代って春日山城主となる。のち小田原北条氏，甲斐武田氏と戦を重ね，1561年（永禄4）上杉憲政より家を譲りうけ上杉氏を称し，翌年将軍義輝の諱をうけて輝虎を称し関東管領となる。信長と対抗し，これをおさえて上洛し，中央進出をも計り，大名領国の形成，領域拡大に成果を挙げていたが1578年（天正6）病歿した。いま新潟県上越市中屋敷林泉寺に謙信の五輪塔がある。寄せ集めで水輪・地輪が古く，火輪以上は別のものを重ねている。後方の大五輪塔は大正5年，上杉茂憲氏によって造立供養されたものである。

1598年（慶長3）景勝は越後より会津に転封の際，林泉寺も移し，やがて米沢へ重ねて移している。ここに謙信の廟屋を建立した。春日山の謙信及びその一族の塔は，上杉氏に代わる堀氏ほか高田城主の保護をうけてきた。

7　織田氏，浅井氏，柴田氏

信長は信秀の次子。1549年（天文18）家督をつぎ，のち離叛，反抗する親族を制し，麾下の将士をおさえ尾張を平定した。1560年（永禄3）駿河の今川義元を桶狭間に奇襲してこれを仆して勇名を轟かし，さらに各地の強豪を討伐し，1582年（天正10）武田勝頼を徳川氏とともに攻撃して天目山に滅ぼし，中部，近畿，中国筋をその支配下においた。毛利攻めのため備中に転戦していた秀吉救援のため大軍をもって安土より京都に入り，本能寺に宿したが明智光秀の急襲に会って火中に自刃した。長子信忠は宿処妙覚寺より二条御所に移って明智軍の襲来を迎えたが，火を放って自刃した。信長は室町幕府や大社寺の旧勢力を制圧し，戦国大名割拠を打破し統一の基礎ようやく固まろうとするとき中途に仆れた。

秀吉は信長の菩提を弔うため京都市北区紫野大徳寺に総見院をおこした。信長，長子信忠，次子信雄らの墳墓として各五輪塔を造立しそのしるしとした（『総見院殿追善記』）。いま石壇を築いてその上に総見院信長，大雲院信忠らの塔7基をおく。

織田信長一族五輪塔（京都市総見院）

いずれも低く平らな蓮華座をつくって塔を安置した重厚な形式である。

京都市上京区寺町今出川上ル阿弥陀寺に織田信長，信忠，信雄の石造笠塔婆がある。僧清玉は信長の生前より親交あり，かくて信長，信忠ら戦死者の遺骸を自坊の蓮台野阿弥陀寺に集めて埋葬した。のちに寺院を現在の地に移した時，これらの諸墳もこの地におさめたという。臣下の森蘭丸，力丸，坊丸の追修五輪塔も傍らにある。

なお静岡県富士郡芝川町西山本門寺に信長の首塚があって大杉をしるしとしている。本門寺日海が本能寺の変に遭遇し，信長の首を原志摩守宗安が日海の指示で当寺へ運び塚を築いたという。

浅井亮政 久政は江北の雄として栄え，**長政**は江南・江西をもその支配下におき，信長の妹お市の方を室とし軍事・政治に勢を振った。足利義昭を支援して浅井氏は越前朝倉氏とともに信長と争うこととなり 1570 年（元亀元）織田・徳川軍と姉川に戦って大敗した。1573 年（天正元）信長軍の攻撃をうけて拠るところの小谷城が陥ち，長政は父久政とともに自刃した。滋賀県長浜市平方町徳勝寺にいま亮政を中心に右久政，左長政の宝篋印塔3基がある。塔はもと市内田町延長坊にあったのを昭和37年徳勝寺に移した。亮政塔を摸して久政，長政塔を造立した。小谷城址に浅井氏供養の五輪塔を近年造立している。

柴田勝家は信長の宿将として秀吉に対抗した。秀吉排除の同志と呼応して挑戦し，賤ケ岳に戦って破れ，居城北ノ庄においてその室お市の方（浅井氏滅亡のあと勝家に嫁す）とともに自刃した。福井市相生町西光寺の石殿内に小型の五輪塔，宝篋印塔をおさめているのがその墳墓とされている。

8 豊臣氏，明智氏

秀吉は信長の事業を継承して軍事的統一を強化し内に経済基盤を固め，外に海外貿易振興を計り，ついに出兵に及んで失敗し，諸大名の対立もおこり，家康の抬頭になやみを深めていたさ中，1598 年（慶長3）病歿した。その墳墓は京都市東山区今熊野北日吉町阿弥陀ケ峯頂上にある。太閤の遺骸は束帯をつけ大壺に置いて朱をつめて棺槨に納めた。なお棺中には甲冑兵器をも蔵めたという（『太閤素生記』，『豊臣譜』―『甲子夜話』続編）。高野山木食上人が導師として大葬儀が行なわれた。

江戸時代には秀吉の墳墓がしばしば破壊された

が，明治31年歿後300年祭を営むに当り修築の上，塚上に10m近い石造大五輪塔が造立された。石段下西側に秀頼の子**国松**の大五輪塔，秀吉側室**松の丸殿**の小五輪塔がある。

豊臣秀次は秀吉の姉瑞竜院と三好一路の間に生れ，のちに秀吉の養子となり関白にのぼる。秀吉に次子秀頼をえてから両者の間が冷たくなり，秀次の性格も粗暴であったため，1595 年（文禄4）高野山に追放，自刃させられ，奥院千手院谷の光台院後山に屈従，不破伴作ら5人の遺骸とともに葬られ五輪塔をたてられた。秀次一族妻妾30人余も三条河原に斬殺せられ，秀次の首とともに葬られた。角倉了以が六角笠塔婆をたて，また死者の法号を刻む方形笠塔婆を造り，京都市下京区木屋町三条瑞泉寺が守るところとなった。

明智光秀は信長に仕えて要職にあった。光秀は信長に自己の真意を理解されずしばしば痛憤を重ね，ついに，1582 年（天正10）6月2日，信長の宿舎京都本能寺を急襲したのち諸将の協力を誘ったが成功せず，秀吉と山城大山崎に戦って敗北した。近江坂本におもむく途中，小栗栖で土民に殺された。京都府宮津市大窪盛林寺に光秀の首塚として小宝篋印塔がたてられている。事件当時大窪城に細川忠興夫妻がおり，お玉の方（ガラシャ夫人）は父の首をたしかめて葬ったという。京都市山科区醍醐小栗栖御所の内に胴塚，また同市東山区三条白川橋南梅宮町東梅宮に首塚伝承地がある。後人の憐れみによる追修塚であろうか。

9 徳川氏

家康は松平広忠の長子。天下統一の権をもつ秀吉に対して海道一の強豪として対抗した。小田原北条氏滅亡後，関東に入り，秀吉の死後，声望たかく，関ケ原戦のあと大阪夏の陣をもって豊臣氏を滅ぼし元和偃武を実現させた。1616年（元和2）駿府において病歿した。家康の遺言により静岡市根古屋久能山に葬られた。東照大権現の神号をおくられたが，まもなく天海僧正の政略的すすめがあって下野日光山に改葬された。旧墳墓の上に石造大宝塔が造立され，日光には東照宮社殿の奥に墳墓造営があって金銅製宝塔が標識として置かれたのである。天台密教による天海の考えにより法華経宝塔品の信仰に基づく宝塔形式が採りあげられたと思われる。爾来，徳川将軍の歴代墳墓上に宝塔型がおかれたのである。

45

東北学院大学教授
伊東信雄
(いとう・のぶお)

大名の墓 (江戸時代)
——仙台藩主の場合——

近世初頭の大名には伊達政宗や徳川秀忠らの墓のように石室を作り，その中に棺を乗物に入れて葬った例が多くみられる

1 はじめに

近世の大名は俗に300諸侯といわれているが，実際には270家ぐらいである。それが近世260年間代々続いたのであるから大名の墓は数千に及んだはずである。それにも拘らず大名の墓について知られていることは少ない。大名が居住した処にはそれぞれに大名の墓が遺っていて，霊廟があったり，塚があったり，大きな五輪塔，宝篋印塔，多宝塔，石碑など各種の型式の墓が見られる。しかし肝心の地下構造のわかっているものはきわめて少ない。明治以来土木工事などで改葬された大名の墓も少なくないはずであるが，地下の状態の報告されているものはほとんどない。わずかに戦後に発掘調査された東京都芝増上寺の徳川将軍家の墓[1]，仙台市経ヶ峯の伊達家の墓[2]，岡山市清泰寺の岡山藩2代藩主池田忠雄の墓[3]，東京都三田済海寺の越後長岡藩主牧野家の墓[4]などの報告があるにすぎない。このほかにも最近調査されたものが2～3あることを聞いているが，まだ報告書が公表されていない。したがって近世大名の墓についての研究はこれからの問題である。

筆者はたまたま空襲によって焼失した仙台藩主伊達家の霊廟瑞鳳殿，感仙殿，善応殿の再建のための発掘調査に関係して，その地下構造，副葬品について詳細に知ることができた。詳しいことは報告書に譲り，ここでは簡単に紹介して，大名の墓について考えて見たい。

2 仙台藩主伊達家の墓所

金沢藩，鹿児島藩についで日本3位の大大名であった仙台藩の藩主伊達家は初代政宗以来明治維新まで13代続いたのであるが，その墓所は仙台市経ヶ峯と大年寺山の2ヵ所に分かれている。初代政宗，2代忠宗，3代綱宗，9代周宗，11代斉義の5人の墓が経ヶ峯に，9代，11代を除いた4代綱村から13代慶邦に至る8人の墓が大年寺山にある。経ヶ峯の伊達家墓所は仙台城の東南1km，広瀬川を距てて，仙台城と相対する位置にあり，眼下に仙台城下から太平洋までを望み得る形勝の地にあり，政宗が生前，自分の墳墓の地として選んでおいたところであった。

大年寺山墓所はその東南1.5km，やはり広瀬川沿いの丘陵上，中世には粟野氏の茂ヶ崎城のあったところであって，4代綱村によって開かれた大年寺のあったところである。

経ヶ峯の墓所は初代，2代，3代の墓を主とするもので，この3代の墓は霊廟を伴うもので，政宗の廟は瑞鳳殿，忠宗の廟は感仙殿，綱宗の廟は善応殿と呼ばれている。中でも瑞鳳殿と感仙殿は近世初期の廟建築のすぐれたものとして1931年(昭和6)に国宝建造物に指定されていたのであるが，惜しくも1945年の空襲によって焼失した。最近その再建が行なわれ，それに伴って地下施設の発掘調査が行なわれた。したがって発掘調査が行なわれて地下構造が明らかになっているのは政宗，忠宗，綱宗の墓の3基だけである。以下にその大要を述べよう。

焼失前の瑞鳳殿

3 伊達政宗の墓

　初代政宗は1636年（寛永13）5月24日江戸桜田の仙台藩邸で70歳の生涯を終えた。遺体は即日仙台に運ばれ，6月3日に仙台到着，3日後の6月6日には，彼の生前の希望にしたがって経ヶ峯に葬られたが，その葬儀の行なわれたのは埋葬後17日経った6月23日であった。遺体はすでに埋葬されているのであるから，大勢の家臣が参加して盛大に行なわれた葬儀で担がれたのは空棺であった。藩主が死ぬと夜中ひそかに埋葬してしまい，その後寺で去事を行なって，空棺で行列をととのえて葬儀を行なう風習は仙台藩では4代綱村の時まで行なわれていた。戦国時代に遺体を敵に奪われるのを防ぐためにおこった風習と言われているが，真偽のほどは不明である。

　墓の上には方3間（約6m），宝形造りの瑞鳳殿本殿が建てられた。瑞鳳殿は正面入口である涅槃門を西側の一番低い処に置き，石段を昇って御供所，拝殿，廻廊，唐門を経て，最高所にある本殿に達する。政宗の遺体を容れた石室は，本殿中央，政宗の木像を安置した厨子の台石の下，120cmの深さで発見された。凝灰岩の切石を組合せた長辺213cm，短辺184cm，深さ146cmの東西に長い石室で，その中央に駕籠に載せた棺が置かれていた（口絵参照）。棺は早桶形の坐棺であったが，駕籠も棺も木質部が腐朽して金具以外は部分的にしか遺らず，ただ駕籠の担ぎ棒だけは太いので腐らずに遺っていた。棺の中にはカキ灰，木炭が詰めてあったが，駕籠が崩れた時，重い担ぎ棒が落下して棺桶に衝撃を与えたらしく，棺は壊れて中のカキ灰が石室の床面に散らばっていた。

　遺骨は東向き，すなわち参詣者の方へ背を向けてひざまずいた姿勢でカキ灰の中に埋れていたが，カキ灰のカルシウム分のため骨の保存はきわめてよく，普通ならば遺らないのど仏までも完全に遺っていた。遺骨から推定された政宗の身長は154〜157cmで，今日の日本人としては低い方であるが，当時の日本人としては標準的な身長であるという。

　副葬品はすべて石室の西隅に纏めて置かれていた。一番下に冠，束帯などを入れた黒漆塗の衣裳箱が3個あり，その上に鎧櫃が重ねられていた。衣裳箱中の衣類は絹であったためにカキ灰中のアルカリ分に溶けて姿を留めず，わずかに冠や石帯に塗った漆膜の遺存によってその存在が知られたにすぎなかった。『治家記録』などには束帯を着せて葬ったように書かれているが，これは誤りで，遺体の着ていたのは麻の帷子であった。

　鎧櫃も木質部はほとんど朽ちて，金具と漆膜を遺すのみであったが，中に納められた鎧は仙台市博物館所蔵の政宗着用と伝えている鉄黒漆五枚胴具足（重要文化財）とほとんど同じものだった。蒔絵箱，硯箱，筆入，キセル箱，脇差などは鎧櫃の上に置かれたらしいが，鎧櫃が腐朽した時，下に落ちて石室の床面に散乱しているものもあった。糸巻太刀は鎧櫃に寄せかけてあった。錆のため銘はわからぬが，姿から見ると鎌倉時代のものと見られる由であった。

　金蒔絵の漆器が多く副葬されていたことは予想外のことで，さすがに近世初頭の大名の中でも伊達者として知られた政宗の豪奢な日常生活を思わせるものであった。いずれも使用痕があって政宗が日常座右に置いて愛用していたものであることがうかがわれた。政宗は愛煙家で死の前日にも煙草を飲んでいたことが記録に見えるが，キセルも雁首，羅宇，吸口の3部分にわけて梨地のキセル箱に入れてあったが，これを継ぐと75cmの長さになる。近世初頭の風俗画によく見られる長いキセルである。年代のはっきりしているものとしては日本最古のものである。これらの品々に混って黄金のブローチ（口絵参照），パルメット文のある銀製服飾具，鉛筆などのヨーロッパ製品と思われるものがあることは興味深い。17世紀のブローチは日本には例がなく，鉛筆は久能山神社に徳川家康使用と伝えられるものが1本あるだけである。かつて支倉常長をローマに派遣した政宗のヨーロッパ文物に対する愛着を思わせていた。

　本殿の左右両側には殉死者の墓といわれる宝篋印塔が20基並んでいたが，これには地下に埋葬施設はない。墓は各自の菩提寺に営なまれ，ここには追悼碑的な意味で建てられたものであろう。これは2代の感仙殿の場合も同じである。

4 伊達忠宗の墓

　政宗よりも22年後の1658年（万治元）に仙台城で歿した2代忠宗の霊廟は父政宗の霊屋の西，峯をひとつ距てたところに造られた。その建物配置は瑞鳳殿とは反対に東向きに建てられている以外はほぼ瑞鳳殿と同じであり，その本殿はやはり方

三間,宝形造りで,忠宗の石室の上に建てられていた。ただ政宗の場合は石室が凝灰岩の切石造であったのに対し,これは安山岩の割石や玉石を積んで,東西 221 cm,南北 158 cm,深さ 165 cm の石室を造ったもので(口絵参照),その蓋石は本殿の床面下 110 cm の深さにあり,長さ 230～285 cm,幅 70～115 cm,厚さ 20～40 cm の砂質頁岩の巨石を 3 枚東西方向にかけ,その隙間を 2 枚の粘板岩の板碑で塞いでいた。その 1 枚には元亨 3 年(1323)の年号があった。板碑はそのほかに 3 枚,石室を造るために造られた土壙の土留めに使用されており,その 1 枚にもやはり元亨 3 年の年号があった。これらの板碑は経ヶ峯に以前から立っていたものを利用したものであろう。石室の底には径 3～20 cm の礫石が敷かれていた。

石室の中央には棺桶を載せた駕籠をおき,その向って右側に鉄黒漆五枚胴具足を容れた鎧櫃を置き,その上に糸巻太刀などの副葬品が置かれていた(口絵参照)。棺は早桶形の桶で,カキ灰と汞(塩化水銀)を遺体のまわりにつめたものであるが,駕籠も棺も木質部は腐朽し,棺桶の中のカキ灰も周囲は崩れていた。遺体は正面向いて足を組んだ姿勢で棺の中に入れられたものであるが,カキ灰の崩れとともにその姿勢も若干変っていたが,カキ灰外に出た足の骨以外はよく遺っていた。カキ灰の中には水銀の粒が含まれており,下部にはこれが溜っていた。採集し得た水銀の量は 800 g に達した。これはカキ灰と共に詰めた汞が分解したものと思われる。このような水銀は政宗や 3 代綱宗の場合には見られなかったが,岡山藩 2 代藩主池田忠雄の墓では見られたところである。棺桶の手前には大小(打刀と脇差)が置かれていた。これは棺と共に駕籠の中に副葬したものであろう。

忠宗墓の構造は石材のちがいを別にすれば政宗墓と同様といってよいが,副葬品は武具,武器ばかりであって,政宗墓に見られたような蒔絵箱や文具類の日常生活品は見られなかった。これは政宗と忠宗の嗜好のちがいによるものであろう。ただし具足には丸の赤銅魚々子地に金の九曜紋が五枚胴の前面上部に 3 個,右胴に 1 個,左胴に 2 個,背面に 3 個つけられていた。これでも他の仙台胴には類例のない装飾的なものであった(口絵参照)。

5 伊達綱宗の墓

1660 年(万治 3)20 歳の時,幕府から逼塞を命ぜられ,江戸品川屋敷で藩政を離れて,50 年間能,茶道,絵画,蒔絵製作など風流三昧の隠居生活を送っていた 3 代綱宗は 1711 年(正徳元)71 歳で歿した。遺体は仙台に送られ,感仙殿の南に葬られたが,その上に感仙殿と同規模の善応殿本殿の造営されたのは 4 年後の正徳 4 年からであった。綱宗の遺体を葬った石室は本殿の床面下 120 cm のところに蓋石があった。蓋石は約 250 cm の長い粘板岩を 3 枚南北方面に並べ,その重ね目に漆喰を塗ったもので,その下の石室は安山岩で積まれた各辺 180 cm 立方体の切石石室で,最上の一段だけが間知石であった。石室の中には方約 130 cm,高さは 135～138 cm ぐらいの木室があり,石室と木室の間にはカキ灰が詰めてあった。木室の中には木箱に入れられた甕棺があったが,木室の周囲の板も甕棺を入れた木箱の板も腐朽して下に落ち,木室内は崩れ落ちた木片で雑然としていた(口絵参照)。

甕棺をいれた木箱は木片や金具によって方 92 cm,高さはそれより若干高いと推定された。木箱の中には甕棺のほか,手前に打刀,革ケース入りの老眼鏡,煙管 2 本がはいっていた。またこの箱には鉄製吊金具がついていて,担棒を通して担ぐことができるようになっていた。

甕棺は高さ 80 cm,口径 63 cm の常滑焼の大甕で,木蓋があり,漆喰で封ぜられていた。甕の中にはカキ灰の中に絹の小袖を着た綱宗の遺体が東向きに坐位で遺っており,骨の保存はきわめて良好であったため,左側下顎骨に癌性の病変を検出することができた。顔の正面には柄鏡,その傍に蒔絵の鏡掛があり,胸に抱くようにして脇差,扇子,小物入,巾着,数珠などがあった。小物入は文様のある緞子製で,透彫のある銀の留金がついており,中には香道具,懐中鏡,懐中硯,細工用のコンパス,T定規などが納められていた。遺体の南側には竹を編み,漆をかけた手箱があり,内面に下り藤文様を蒔絵で描き中には蒔絵の櫛をはじめ種々の化粧道具がおさめられており,風流三昧の生活を送った綱宗に適わしいものであった。遺体の下の座布団の下には宝永小判が 10 枚あった。政宗の巾着には慶長一分金が 4 枚しかはいっていなかったのと格段の差である。

綱宗の副葬品は大小のほかは工芸品，化粧道具ばかりで鎧，冑，糸巻太刀などの武具，武器は見られなくなった。大阪夏の陣以来96年，もはや干戈を動かす必要がなく，大名ももっぱら泰平の生活を楽しむ奢侈な時代になって来たことをあらわしている。化粧道具などは女性の化粧道具と同じであって，これが果して71歳の老人が使用したものであるかを疑わしめるくらいであった。

また綱宗の石室の上には方67cm，高さ68cmの安山岩の石櫃が置かれていた（口絵参照）。石櫃には南北方向に銅製のベルトがかけられていた。中には木箱で高さ32cm，口径31cmの甕がはいっており，箱と甕の間には漆喰が詰められていた。甕の中には清澄な水が溜っており，その中に曲物があって，その底に智歯（おやしらず）が1本遺っていた。これは綱宗の生存中に抜けた智歯が何らかの都合で松島（おそらく瑞巌寺）に置いてあったのを，善応殿を建てる時，松島から持って来て石櫃に納め，石室の上に安置して，その上に本殿を建てたものであることが『治家記録』の記事から知られた。

6 伊達綱村以降の墓

4代藩主綱村以降の墓は9代，11代を除いてはすべて大年寺山にある。ここに綱村は1697年（元禄10）に黄檗宗の大年寺を建て，以後ここに歴代藩主の墓が営まれるようになった。この時代になるともう霊廟をつくることはなくなり，二重の台石の上に白色御影石の角柱，総長約3mの墓碑を建て，それに四柱吹流しの雨屋をかけた。綱村の墓についていえば碑は88cm×70cmの角柱で，前面に「大年寺殿故羽林中郎将肯山全提大居士之墓」と1行に彫り，裏面には享保己亥四年六月二十日と歿年月日が彫られている。また4代綱村までは夫人は藩主と同じところでなく，別の寺に葬られたが，5代吉村から同じ墓地に藩主と並んで葬られるようになった。

綱村以下の墓の地下構造は調査例がないので明らかでないが，次第に薄葬になって行ったことは確かである。元禄以降次第に斜陽となって行く藩財政が豪華な墓を造ることを不可能にしたのである。1719年（享保4）に歿した4代藩主綱村はまだ棺を駕籠に入れた葬法であったらしいが，5代藩主吉村は「遺体を入れるのは小さな甕でよく，着物も束帯などを着せるには及ばず，小袖で十分であり，副葬品も大小，巾着，扇だけにして，余分なものは容れるな」と遺言状に書いているから[5]甕棺だった可能性がある。

近世後半の仙台藩主の墓はせいぜい墓標下の石室内に木棺あるいは甕棺にカキ灰を詰めた程度のもので，前半のように豪華なものは少なくなったのではないかと想像される。火葬の風は前後を通じて行なわれなかったようである。

7 大名の墓の系譜

政宗，忠宗の墓に見られたような石室を作り，その中に棺を乗物に入れて葬った例は，1632年（寛永9）に歿した2代将軍秀忠や岡山2代藩主池田忠雄の墓にも見られるところであるから，近世初頭の大名の間では全国的に行なわれた風習でなかったかと思われる。火葬の風も見られない。このような墓制は五輪塔や宝篋印塔の下に火葬骨を壺や甕に納めるのが主であった中世の墓とは直接繋がらない。古墳時代の竪穴式石室を想起させるような石室墓が近世初頭に出現した過程はまだ明らかでない。おそらく戦国大名の間に生まれた風習でなかったかと思われるのであるが，寡聞にしてその実例を知らない。

註
1) 鈴木　尚ほか『増上寺徳川将軍墓とその遺品・遺体』東京大学出版会，1967
2) 伊東信雄編『瑞鳳殿伊達政宗の墓とその遺品』瑞鳳殿再建期成会，1973
　　忠宗墓・綱宗墓については現在編集中。
3) 鎌木義昌ほか『池田忠雄墓所調査報告書』1964
4) 鈴木公雄ほか『港区三田済海寺長岡藩主牧野家墓所発掘調査概報』東京都港区教育委員会，1983
5) 「伊達吉村遺言状」『大日本古文書―伊達家文書之六』東京帝国大学，1910

大年寺山の4代綱村墓

特集●墳墓の形態とその思想

墳墓と信仰

各時代の特徴的な墳墓形態にあらわれた信仰の状況はどんなものだったろうか。その時代的背景と人々の思想にも迫ってみよう

ストーンサークルの意義／土偶破砕の世界／洗骨の系譜／方形周溝墓と墳丘墓／赤色の呪術／モガリと古墳／隼人の墓／えぞ族長の墓／買地券の世界／禅僧の墓

ストーンサークルの意義

奈良大学教授
水野正好
（みずの・まさよし）

ストーンサークルは墓域の標徴として，縄文集落，わけても円形広場と密接に関連し，相関しつつ形成されていった

ストーンサークル，戦後間もなく考古学の世界に遊びはじめた私たちの世代には，ドルメンという言葉と共に非常に懐しい言葉である。『考古学雑誌』を飾り，また文化財保護委員会からは秋田県大湯のストーンサークルが大冊『大湯環状列石』の名で公刊され，一時は学界だけではなく社会的にも随分と注目された言葉であった。当時は縄文時代を語る極めて重要な遺構と認識され，多くの資料報告，論考が公刊されていく中で，まさに当時，新生の考古学に相応しく新しい視座を拓くものと想われたのである。しかし歳月を閲する中で，あれほどまでに私たちを強烈にとらえ，われわれをしてあれほどまでに熱っぽく語らしめたストーンサークルも，研究が一応の水準に達した故か，その後次第にその視座を失ない，新しい視点を再び拓くこともなく忘却の世界に漂いはじめているとの想いがつよく私をとらえる。

かつて私は「環状組石墓群の意味するもの」と題して『信濃』第24巻第4号に私論を掲げたこともあり，ストーンサークルの研究が縄文社会復原の重要な足掛りとなることを今もなお強く信じ，動向に一種の憂いを抱いている。ストーンサークルを透視し，熟視する時，語りかけられる言葉が如何に多いか，その訴える幻想を録して本稿としたい。

1 縄文時代集落の基本構造に

ストーンサークルを語る前に，先き語りとして一つの重要な話を記さねばならない。縄文時代集落の基本構造がそれである。最近の各地の広範囲に及ぶ発掘調査の進展により，縄文時代集落が一つの定形ともいうべき基本構造のもとに営為されていることが判明しつつある。基本的構造とは中心に円形広場を配置し，その外周縁に居住域を配し，さらに外周に廃棄域をめぐらすというバームクーヘン──同心円構造をもって集落形態を統一するきまりをいうのであり，各地の各期の縄文時代集落はこのきまりの上にたって営為されているのである。

ところが，このきまりについて詳細に検討すると興味ぶかい事実が浮かび上るのである。いま仮りに中心の円形広場と外周縁をめぐる居住域を取り上げれば，二種の集落が弁別されるのである。一は，円形広場の径を1とすれば外周居住域の圏幅は1/2ずつ計1となるタイプの集落であり，二は円形広場の径を1とすれば外周居住域の圏幅も1ずつ計2となるタイプの集落である。換言すれば，一は円形広場の径の倍で外周居住域の設計がなされている1：1タイプの集落であり，二は円形広場の径の3倍で外周居住域の設計がなされて

いる１：２タイプの集落である。廃棄域を考慮すればなお分別されるが，中心の円形広場と外周居住域の関係からするならば二者がタイプ別けされるのである。以下，現実の遺跡をとり上げ，その実際を語ることとしよう。

　第一タイプ（１：１）の典型的な例として福島県上納豆内遺跡が挙げられる。径60mの円形広場の周縁外周に幅30mの居住域が環状にとりまき，外周径120nとなる集落である。居住圏域は西に開口部をもち３グループの住居区に分かれ，それぞれ，居住域・広場境い近くに土器埋設遺構を集中させているという特色ある集落跡である。横浜市池辺第14号遺跡の場合も同様であり，径46mの円形広場の周縁外周に幅23mの居住域が環状にとりまき，外周径92mとなる集落である。居住圏域は東南，もしくは西南に開口し３グループの住居区に分かれ，居住域に近い広場縁辺に３グループの土壙群が集中するという相似た構造の集落跡である。

　こうした第一タイプの中で複雑ではあるが整然たる構造をとる集落例として，岩手県西田遺跡を挙げることができる。西田遺跡の円形広場は径64m，周縁夕周に幅32mの居住域が環状にとりまき，外周径128mを測る。居住域（貯蔵空間を含む）内部の弓形広場は６圏帯が同心円状に機能に従って設けられている。中心圏は楕円形土壙17基，第２圏は空閑，第３圏は175基の楕円形土壙，第４匶は空閑圏であり，この４圏が広場径の1/2，32m内に設けられ，各圏はほぼ同幅である。第５圏は掘立柱建物の柱穴かと想定されている小穴群，第６圏は空閑圏を構成し，第５，６圏が広場径の1/2，32m内に同幅でめぐらされている。径64mという広大な円形広場は内なる重円の楕円形土壙―墓壙と，外なる一重の掘立柱建物―祭桟敷という二種の機能をもつが，埋葬が終れば，祭祀が終れば共に埋まり撤去されるだけに平常は平坦な円形広場として息づく空間でもあったと言いうるのである。円形広場の構造において前二者とは異なる一面を見せるものの，共に円形広場と居住域が１：１の径をもつという共通の構造をとるのである。

　第二タイプ（１：２）の典型的な例として横浜市大熊仲町遺跡を挙げることができる。径42mの円形広場の周縁外周に幅42mの居住域が環状にとりまき，外周径126mとなる集落である。居住

圏域は３グループの住居区に分かれるようである。中央の円形広場内には楕円形土壙が広場の北半部・中心部に集中して見られ，小穴が集中する南半部と対称的なあり方を示している。また，この種の小穴は居住圏域の内1/2に集中し，掘立柱建物なり祭桟敷の存在する位置を暗示している。西田遺跡ではこの種小穴群は円形広場内の外帯に占地しているが，本遺跡では居住域の内帯に占地し，住居との混淆が見られる点は重要である。

　静岡県上白岩遺跡も第二タイプに属し，やや複雑な構造を示している。円形広場は径25m，周縁外周に25m幅の居住域が環状にとりまき，外周径75m，さらに外周には居住遺構には属さない各種の遺構が分布している。円形広場には内径の1/2，12.5mの径でもって環状に繞る配石があり，その内，外は空閑地となっている。広場の機能構造を考える上に重要な資料といえよう。円形広場の構造において前者とは異なる一面を見せるものの，共に円形広場と居住域が１：２の径をもつという共通の構造を示すのである。

　縄文時代集落を通観するとき，円形広場と居住域の関係から見るならば，その径を１：１とする第一タイプ，１：２とする第二タイプの存在することを説いた。このことは縄文時代，集落を造成するに当り造成企画，集落構造設計といった配意が働き，営為されていくことを明確に物語っているのである。私はこうした集落の基本的な構造企画，設計の中に，「ストーンサークル」と呼ばれる遺構が組みこまれ，ダイナミックに息吹いていたと考えるのである。

２　ストーンサークルの構造に

　ストーンサークル，字義通りに訳せば「環状配石」というべきであろうか。わが国におけるストーンサークルと英国でいうストーンサークルは必ずしも同一の構造，機能をもつものとは考えられない。むしろ，環状に配石された遺構がわが国で見出されるたびにストーンサークルといった「言葉」のみが想起され，用いられているに過ぎないのであり，彼我の両者を十分につき合せ対照し検討した上で同一の「言葉」を与えたという性格のものではないのである。

　では，わが国におけるストーンサークルとは如何なるものを指しているのであろうか。その実際を現実の遺跡に見ることにしよう。

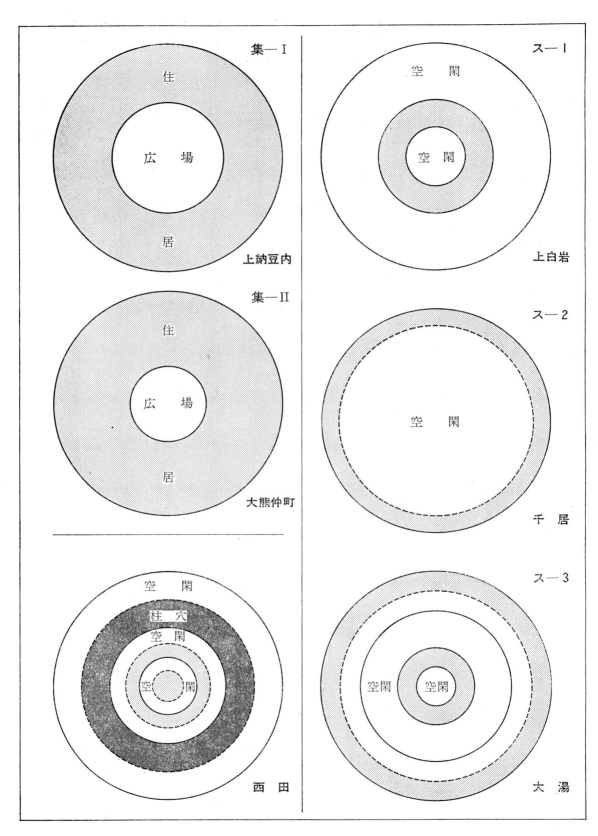

縄文時代集落と広場とストーンサークル

ストーンサークルの第一のタイプは，先にあげた静岡県上白岩遺跡の「環状配石」例である。径25mを測る円形広場の内に，径12.5m（円形広場径の1/2）でもってめぐる例であり，結果的に円形広場内を内　外に二分する形をとるといった特色あるタイプである。

ストーンサークルの第二のタイプは，富士宮市千居遺跡の「環状配石」例である。千居Ⅱ類期の居住域はわずか5棟の住居址のみであり，なお検討を要するが，環状配石の径は50m，円形広場の径とよく合致し，結果的に円形広場と居住域圏を区別する形をとるタイプである。同様な例としては都留市南ノ原遺跡の径50mを測る環状配石を挙げることができようか。

ストーンサークルの第三のタイプは，秋田県大湯遺跡群の，万座・野中堂「環状配石」例である。万座例は環状配石が外帯・内帯と2帯見られ，外帯外径は48m，帯幅は8m，内帯外径は16m，帯幅は4mを測る。換言すれば，内帯内の空閑に近い中心部は径8m，倍した16mが内帯（幅4m）外径であり，内帯外径16mの3倍，1：3が外帯外径，外帯幅は内帯径の1/2，内帯内中心部径に等しいという形をとっているのである。この外帯外周は住居址や多量の遺物を見るだけに，恐らく環状配石外帯は円形広場の外縁であり，結果的に円形広場と居住域圏を区別する形をとることとなる。居住域圏は，隣接する野中堂例との距離を勘案すれば幅は円形広場の1/2，24mでめぐる可能性が強く，円形広場1に対し居住域圏1,1：1の構造をとる集落であると予測される。

一方の野中堂遺跡も環状配石が外帯・内帯と2帯見られる。外帯外径は45.6m，帯幅は7.6m，内帯外径は15.2m，帯幅は3.8mを測る。同様，換言すれば，内帯内の空閑に近い中心部は径7.6m，倍した15.2mが内帯外径であり，内帯外径15.2mの3倍，1：3が外帯外径，外帯幅は内帯外径の1/2，内帯内中心部径に等しいという形をとっているのである。この外帯外周には住居址や多量の遺物を見るだけに，環状配石外帯は円形広場の外縁に該当し，結果的に円形広場と居住域圏を区別する形をとることとなるのである。居住圏域はやはり隣接する万座例との距離から勘案すれば圏域幅は円形広場の1/2，22.8mでめぐることが予測されるのである。恐らく円形広場1に対し居住域圏1,1：1の構造をもつ集落であると考えられ

るのである。万座・野中堂例は単位の法量に若干の相違は見られるが，基本構造は鮮やかに一致しており，異なるところを見ない。ストーンサークルと呼びならわされている環状配石中，内帯はストーンサークル・タイプ第一に属し，外帯はストーンサークル・タイプ第二と構造的に位置を等しくするといえよう。こうした大湯遺跡群の2ストーンサークルのようなあり方をタイプ第三と名付けることとしよう。

現在知られているストーンサークルは，この3タイプのいずれかに属する。ところで，こうした3つのタイプを先に検討した集落構造と重ね合せ，考える時，新しいストーンサークルの視座が拓けてくるであろう。

3　集落構造とストーンサークル

ストーンサークルに3つのタイプが見られるとすれば，それぞれのタイプは集落と如何に係るであろうか。縄文時代の集落が一定の規矩設計を具えた集落観のもとに営為されているだけにストーンサークルの各タイプは，それぞれに一つの設計観のもとで集落に関連し機能していたことが予測されるであろう。

まず第一タイプのストーンサークルは，静岡県上白岩遺跡例が語る「円形広場の中核を同心円状にとりまく」タイプである。広場径とストーンサークル径は密接な関係をもち，本例では広場径25mに対しストーンサークル径は広場径の1/2，12.5mを測るといった規格を具えている。他の遺跡にあっても広場径に対し1/2，1/3といった一定の規格を示す可能性が強いのである。

続く第二タイプのストーンサークルは静岡県千居大石原遺跡例が語る「円形広場の外周縁をめぐる」タイプである。本例では径50m，接して住居域が展開している。都留市南ノ原例も同様な例に属すると見られる。

第三タイプのストーンサークルは大湯遺跡群例で語るならば，第一，第二タイプとも係り合う例であり，「円形広場の外周縁をめぐる外帯，円形広場の中核を同心円状にとりまく内帯」の二者からなりたつものである。したがって万座例では外帯は広場径の48mと合致し，内帯は広場径の1/3，16m，野中堂例では外帯は広場径の45.6mと合致し，内帯は広場径の1/3，15.2mとなっている。したがって外帯の1/3径でもって両者とも

53

内帯が設計されているのである。

このように検討してくると，ストーンサークルはそれ自体，孤立して存在するものではなく，常に縄文集落の中核・中枢として重要な意義をもつ「円形広場」と密接に関連し，しかも「円形広場」と同時に設定され，営為されていくものであることが知られるのである。そして，こうした関係は，それぞれストーンサークルの幅が広場の径ともまた関連していることを知ると，縄文集落の中に息づいた「円形広場」なり「ストーンサークル」の重要さがより一層明確となるであろう。ストーンサークルは円形広場に息づき，円形広場と共にあるものとして設計され営まれたと言うことができるであろう。

ただ，より複雑な構造をもつストーンサークルの存在も予測される。たとえば岩手県西田遺跡例では円形広場は径64m，中心の土壙群径8m，空閑地径16m，環状配置の土壙群径24m，空閑地径32m，小穴群径48m，空閑地径64mというように8mを基準として実に6種の機能空間が同心円構造でもって「円形広場」を構成しているからである。仮りに土壙群に配石を行なうとすれば，それは広場中心と，中核部を同心円状にとりまくストーンサークルの姿が浮かび，広場外周縁に土壙を見ないだけに，大湯遺跡群の「内・外帯」を具えた形（第三タイプ）とはならず，第一タイプ中の典型的な1例となるが，その中心に配石墓も配置するといった顕著な例にあてられることになる。

ストーンサークルがこのように，縄文集落，わけても円形広場と密接に関連し，相関しつつ形成されていることが知られると，その機能が問われるであろう。私はすでに，大湯遺跡群を分析して，これらのストーンサークルが実は，集落を構成する三家族がそれぞれの墓域を居住域圏と同様，環状に広場内に設けた結果であろうとし，此岸の生活―集落内の家族規制―が，彼岸の生活―死者たちの構成する家族規制―と重なり合うところから生じたものと説いた。ストーンサークルを墓域の標徴と見ようとする所見である。現実に大湯遺跡群の場合，内帯・外帯ともに墓壙と見られる土壙の存在も指摘されており，こうした所見を支えている。

今後，縄文集落の調査が進展し多くの例示が提示されはじめると円形広場の外周縁にそう型の墓域や，西田遺跡のように円形広場の中核を同心円

にめぐる型の墓域が検出されるであろう。ただ，墓域をこうした同心円状に広場にめぐらさない集落も多い。例えば神奈川県大熊仲町遺跡では墓壙と推測される土壙は円形広場の中心と北半部に集中し，必ずしも広場内で同心円を構成しないし，他にも居住域内に墓壙と推定される土壙が各家族単位で集合する例も見られる。こうした場合にはストーンサークルの形成は生じないと見てよいであろう。

ところで，多くの石を組み成して墳墓標式とし，こうした墳墓が環状に時にかたまり，時に列状に連なる姿がストーンサークルと呼ばれるものである。ところが一方，ストーンサークルと呼びつつも，その性格の異なるあり方が見られる。静岡県千居大石原，山梨県南ノ原遺跡のストーンサークルがそれである。一石ずつ列をなして環状に並び，時に2，3ヵ所，若干石を径1〜2mに配した遺構を含むという特色をもっている。列石下には墓壙もなく墳墓とは言えぬ存在である。恐らく居住域と円形広場域を劃するものであろうが，明確に一般の墳墓に係るストーンサークルとは区別すべきものであるといえよう。

例えば福島県道平遺跡では広場外周縁に列石を見，多くの埋甕を見るが，埋甕内にはニホンジカ，イノシシなどの獣骨が見られ埋葬遺構ではないと説き，同県上納豆内遺跡の住居域，広場域境に数多く見られる埋甕遺構にも同様な獣体の存在を類推している。もしこうした所見が妥当ならば，千居大石原，南ノ原遺跡の例は，犠牲――供犠などとも関連する遺構となり，単に広場外周縁を劃するだけでなく，広場でなされる祭式の一貫として利せられる遺構であった可能性が強い。まずはストーンサークルと呼ばれる遺構にこうした二種，異なる機能をもつものが含みこまれていることを指摘して置くこととしよう。

一般の縄文集落では，広場内に埋葬のために墓壙を穿ったり，貯蔵のためにフラスコピットを穿つが，いずれも間もなく埋められ，埋葬・貯蔵が終ると平坦な広場に帰る。しかしストーンサークルを営む集落では，広場の用益が環状に規制されるなど異なる趣きを示すこととなるであろう。ストーンサークルを追う目はなお多く語るべきことを蔵しているといってよいであろう。凝視と適切な資料提示があってはじめてストーンサークルは縄文社会に息づくことになるのである。

土偶破砕の世界

■ 米田耕之助
市原市文化財センター

土偶は人の形を真似て作った一種の泥人形で，多種多様な縄文時代の遺物の中でも，当時の人々の姿を良く表現したものの一つとして，古くから好事家，研究者たちの注目を集め収集・研究されてきた。

腹部を誇張し，妊娠した姿を見せる例のあることから，生命の誕生，生産の象徴として解釈され，地母神崇拝などとの関連性も考えられている。また，用途については，小児の玩弄説，神像説，装飾品説の3通りが白井光太郎により　護符説が大野延太郎・八幡一郎により，女神説・母神信仰説が大野延太郎・鳥居龍蔵・大場磐雄により，呪物説が八幡一郎によって，そして近年では土偶祭式説が水野正好によって言われているように，土偶の解釈にはさまざまな説が公けにされ，議論がされてきた。

1　土偶の変遷

土偶は縄文時代を通じて良く作られているが，その初現は古く，関東地方から東海地方に至る日本列島でも太平洋岸の限られた地域から，早期の撚糸文系土器に伴って出土している。大きさは5cm前後と比較的に小さく，形状的には，顔・手足などの表現はなく，乳房，しまった腹部および腰部のみを示したもので，女性の特徴を端的に表現している。

逆三角形・バイオリン形の二つの形態があるが，いずれも板状を呈したもので，これら二種の形態上の相違は，形態変化の方向性として，逆三角形→バイオリン形として捉えることができる。

前期に至ると頭部の表現などが加えられるようになり，出土する地域も東北地方におよぶように，一段と拡大されるが，早期の形状を踏襲し，板状を呈したものである。その後，縄文時代の中でも最も大きく，装飾の華やかな土器か作られ，遺跡数も増加する中期になると，土偶も大きく，板状から立体的となり，脚部をしっかりと大地につけ直立する土偶が，中部地方を中心とした地域で作られるようになってくる。

後期になると，北海道から九州に至るまで，日本全域で土偶の製作が行なわれるようになり，この時点において土偶に関連した風習が全国的に浸透することになる。また，形状面でも，腕を組み両膝を立てて座る特異な状態を呈する土偶など，変化に富んだものとなってくる。

晩期に至って，土偶と言えば一般的に遮光器土偶を指して言うぐらい有名な土偶が，東北地方を中心として亀ヶ岡式土器文化に伴って出現してくる。

このように，土偶は，最初関東地方～東海地方で作られ，その後徐々に分布範囲の拡大とともにさまざまな形態変化を示しながら，日本列島全域に拡充していくが，縄文時代の終焉とともに消えていくことになる。

2　土偶の破砕

縄文時代は，一般的に「呪術の支配した社会」と言われているが，土偶も呪術を背景として作られていたとすれば，人の姿を模倣してはいても縄文人は土偶にどれほど人間性を求めていたのであろうか。

土偶には護符とか，呪術とか神像あるいは地母神などいろいろな解釈が加えられてきた。

自然のもたらす大きな力に組しながら，縄文人の想像力の象徴として，女性の持つ神秘な世界を表現する一つの方法として，生命力を表わす想像力の結果による産物として，土偶を捉えるとするならば，人そのものを明確に写し出すことに目的があった訳ではなかろう。

現在までに発見されている土偶には，完存品して扱われる例が非常に少ない。ほとんどの例が破壊？され，散逸した状況を示すように出土している。このことに土偶の持つ大きな特色があり，古くから土偶＝破砕として解釈され，土偶は，製作時からすでに破砕行為を受けることを目的，前提として作られた縄文時代唯一の造形物として理解されてきた。

縄文人が，土偶に対してどのような意識を持っていたのかを考えるためには，土偶自体の編年的研究，形態変化なども当然重要な役割を持つのであろうが，土偶の遺跡内でのあり方を見る必要がある。そこで，土偶の出土状態のあり様を見ると，幾つかの異なった形を見ることができる。

① 遺構に伴出する例
② 葬制に関係する例
③ 遺構に伴わず，集落内に集中して出土する地点のある例
④ 散在的に出土する例

の4つに大別することができると思われるが，この内，③・④に関しては，遺跡内における通常の土器片・石器等々の破損した遺物の出土例と同様な状態を呈したものである。

①・②に関しては，縄文人が，とくに土偶に対して何らかの意図を持ってなされた行為の結果によるものとして理解できる。

①の遺構に伴う例には，A：石囲に伴うもの，B：土器囲に伴うもの，C：配石に伴うもの，D：祭壇状の高まり，あるいは石皿などの上に安置したような状況を呈するもの，E：ピット中から出土するもの，F：住居跡内の床面直上から出土するものなど，さまざまな出土状況が見られる。

②の葬制に関係する例には，墳墓から出土するもの，配石のある土壙に伴うもの，埋葬人骨の上面，周囲から出土するものなどがあり，晩期から弥生時代にかけて作られた容器形土偶も，その内部から人骨片の検出される例を見ることによって，葬制に関連したものとして捉えることができる。

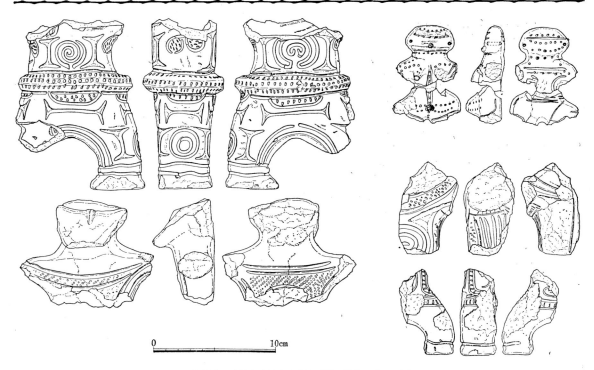

千葉県成田市殿台遺跡出土土偶（原田昌幸 1984 より）

　埋葬人骨に伴出した例として，市原市西広貝塚例を見ると，西広貝塚では現在までに，150点余りの後・晩期に位置づけられる土偶が発見されているが，第26号住居跡の床面上から出土した接合された土偶以外には，土偶全体の形状を把握することのできる状態のものはない。
　これら土偶の内，全体の約半数にあたる75点の土偶片が埋葬人骨の周囲から発見されている。埋葬人骨の1体には頭部脇に完存品としての土器が2個体副葬品として置かれていた。また，人骨の周囲から出土した土偶は，ことごとく破砕行為を受けて五体がバラバラの状況を呈し，接合できる例はほとんどない。かかる状態から西広貝塚では，死者に係るまつりの中で，土偶が破壊され，埋葬された死者に捧げられた情景を見ることができる。
　しかし，土偶に限らず，他の土器などの諸遺物類を見ても完存品として出土する例より，破片の状態で散点的に発見されることの方が多い。岩手県立石遺跡の如く，出土土偶全体の15％におよぶ土偶にアスファルトが附着し破損修理の予想される例，あるいは，土偶の製作方法を観察すると「各部分はそれぞれ別々に作り，接合して全体の形を作り上げている。このため接合部において，他の部分と比較して脆さを生じることになり，接合部分が離沮する可能性が高まる」などといった点，初現期の土偶に分断破壊する手足などがない点なども当然考慮する必要はあるが，土偶多出の諸遺跡例を見ると，接合される率が極めて低く，破砕行為を受けた土偶の一部が遺跡（集落）外に持ち出されている可能性も否定することはできない。
　人の死に関連した行為をみると，何らかの形で破砕行為のなされることがある。例えば，インドのある地方では，葬式の時に遺体の上に被せられた積石の脇に，底の部分が打ち砕かれた土器が天地を逆にして置かれるといった風習のあることを聞く。また，このようなことは，われわれの周囲にもみることができる。葬儀に際して，生前故人の使用していた茶碗などを破壊し，そっと捨てるといった習慣がある。何故，茶碗を割って捨てるのかと，年寄に聞いても，昔からそうしているからという返事が帰ってくるのみで，本当の意味はわからない。
　死者が生前愛用していた物を打ち砕くことによって，死者とこの世との関係を断ち切る，あるいは死と化した物を壊すことによって，新たな誕生を祈るのか，いずれにせよ，人の死に際して，残された人々は，何らかの形で破砕行為を行なうことをみることができる。
　これらのことが，縄文時代の土偶と直接結びつくとも思えないが，西広の人骨伴出例に代表されるように，葬制との係りを有する土偶出土状態を見ると，土偶が，死に際した風習の中で大きく関与していたことは充分考えられるのであり，八幡一郎がかつて言った「人間の疾病，傷害，その他一切の災害の身代りになる。足を折ったとき，土偶の足を折れば，癒りが早い，頭痛がひどいとき首をもげば，直ぐに治る」といった土偶破砕説を積極的に否定する資料は，現在まだ充分には集まっていない現状にあるといえる。

洗骨の系譜

■ 國分直一
梅光女学院大学教授

1 洗骨習俗の分布

洗骨とは，埋葬あるいは曝葬によって，ある期間を経過させた後，遺骨を取り上げて，洗い清める習俗をいう。清められた骨は収めて再葬する。琉球諸島では，第二次の収骨再葬の後，33年忌を待って，散骨，祖霊に帰せしめる手続がとられている。

琉球諸島では，洗骨のよび方をチュライナスン，カルクナスンとよぶ。前者は清らかにするの意，後者は腐肉から解放して軽くするの意。華南，台湾では，第一次葬を凶葬，第二次の洗骨葬を吉葬とよんでいる。子孫は洗骨を行なうことによって，はじめて孝行したと意識することができるのであるとされる。

洗骨習俗は，インドネシア，中国の南部，台湾，琉球諸島，さらに北上して奄美，トカラ諸島，薩南諸島の一部にも分布していた。わが本土においても，九州の海辺地帯，本州においても行なわれていた形跡がおさえられている。対馬の一部，朝鮮半島の南部にも洗骨慣行地帯がある。

日本本土において両墓制として知られている墓制は，本質的には複葬である。遺骨を移す場合が古層の形式で，略化が進むと霊のみを移す形式となると考えてよかろう。遺骨を移す場合，汚れを除去するためには，洗骨が必要となる。南島をふくめて，わが洗骨習俗は，遺体を完好な状態に保存しようと努める漢族以外の東夷諸族の複葬習俗圏の一環を形成している。しかし，それは近来の習俗ではなく，遠く先史・古代に溯って，その形跡を辿ることができる。以下問題をそこにしぼることにしたい。

2 縄文時代の再葬例

先史時代の早い事例として注目をひくものに，幼児の遺骨再葬の例がある。縄文晩期には，中空の土偶の中に，初生児のものと見られる歯，頭骨，長管骨などの細片をおさめた例がある（神奈川県足柄上郡大井町山田中屋敷）。土偶型容器はなお，神奈川，山梨，長野3県にわたって知られている。青森県八戸市蟹沢遺跡では円筒式土器に幼児骨を収めたものが発見されている。幼児甕棺葬は中期から後期にかけて広く顕著に見出される。幼児骨をわざわざ中空の母性土偶の中に収めた例のあることは，幼児甕棺葬を考える上で役立つように思われる。はじめから甕に収める場合にしても，遺骨を保存しようとする意図が働いていたものではなかろうか。気になるのは，未開社会において，嬰児や，幼児の死を邪霊によるものと考え，その邪霊の影響が他の子供たちに及ぶこ

とを怖れて，珊瑚礁のくぼみにおいたり，野の末に埋めたり，その他，ひどい処置をする例のあることである。この場合は，死児についた邪霊が他の子供たちに及ぶことを僻けるための手段であろうと考えられている。

成人の場合にも骨化を待って再葬した例は早くからある。少なくとも，清められた骨に，霊が憑依すると考える思想がひそんでいると見られよう。長崎県北有馬郡原山（縄文晩期）には数例，収骨したと見られる甕が発見されている。九州における三万田式や御領式の甕棺もそれらのすべてが，嬰児用のものであるとは考え難いとするなら，成人の収骨の例も含まれていたことを考えておいてよかろう。朝鮮半島の支石墓葬にも問題がある。南方式と分類されているものの支石の下の石室の中には，石室があまりにも小さくて，屈葬すら不可能である例が少なからずある。収骨再葬，従って洗骨の行なわれた可能性が考えられている。韓国南部，とくに全羅南道から南海島嶼地区にかけて，草墳（草殯）とよばれる処置が濃厚に分布している。先史古代以来の伝統が考えられる上に，この地区は水稲作が江南から導入された地区であることから，江南の文化圏にはいる地区でもある。収骨の際，ブラシで汚れを掃き落す掃骨は乾燥アジア的方式であるが草墳においては，水で洗う華南的洗骨が行なわれる。記述上の関連から朝鮮の問題にふれたが，わが縄文社会に立ちかえりたい。

二次的に遺骨を移したと見られる縄文時代における複葬的事例としては，千葉県松戸市千駄堀字寒風（中期），青森県東津軽郡野内村（現青森市）久栗坂，同県南津軽郡浪岡町天狗岱（後期），愛知県渥美郡吉胡貝塚（後期）などの他に，とくにあげたいものに，福島県三貫地貝塚（晩期）の例がある。十数個の頭蓋が円筒状に集められていた。弥生時代の山口県の土井ヶ浜における頭蓋骨再葬例を想起させられる。北海道東釧路貝塚でイルカの頭骨を円筒状に並べた状態が見出されたことに対して，筆者はアイヌのイオマンテのような習俗が考えられはしないかと述べたことがあるが，イオマンテのような思想があったとすると，送られる死者の霊の世界の観念が存在していたことになろう。

次に二次的な収骨再葬が，集団的に行なわれていたと見られる例がある。長野県伊那市野口遺跡（晩期）である。この遺跡は，東西4.6m，高さ50cmの石囲いの中に20体分の人口が細片，半焼の状態で発見されている。しかも7群の配石の下に，2～3人ずつ固めて収められていることは，弥生時代の種子島広田の収骨再葬の状況に通じるものがある。種子島広田の場合には，収骨の際の細小の残片は焼いて，頭蓋や長管骨のような主要骨をおさめる前に，底層に散布されたと見られている。長野県筑摩郡大明神遺跡（晩期）はある期間にわたって集骨複葬された遺跡である。岡山県津雲（晩期）の例は四肢骨をもって方形に囲み，中に腰骨や頭蓋をおさめた例であるが，この場合は，足部から順次にいれて，最後に頭蓋をのせる手続き，すなわち骨格の再構成をはかる，華

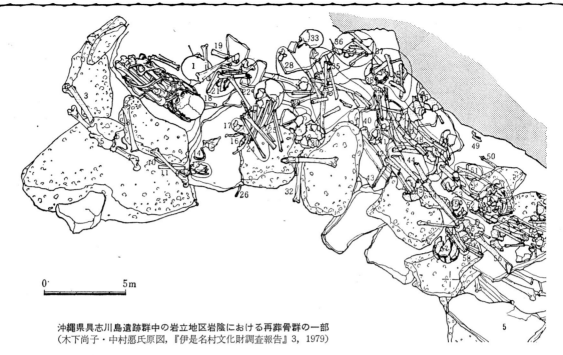

沖縄県具志川島遺跡群中の岩立地区岩陰における再葬骨群の一部
（木下尚子・中村愿氏原図，『伊是名村文化財調査報告』3，1979）

南，台湾，琉球諸島の洗骨，再収の手続きが想起せしめられるのである。広島県帝釈峡の岩陰遺跡は縄文晩期の複葬の事例であるが，一次葬に標識をおき，二次葬は岩陰に集中せしめていた。そして，その遺骨は100体に近いとされることは，習俗として複葬が慣行されていたことをよく語っている。この事例に酷似する再葬例は南島の崖葬に容易に見出すことができるが，南島先史時代における好例としては，近年，木下尚子・中村愿両氏によって調査・報告された沖縄県具志川島遺跡の岩陰遺跡における再葬群がある。

3 弥生以降の再葬例

大隅半島の山口（弥生中期）では甕・壺を円筒状に置き，ファロスを模した軽石製品と，女性の性器を模した軽石製品を配した遺構が発見されている。遺骨は見出されていないが，二次的再葬に伴う再生呪術の行なわれた遺跡でなかろうか。弥生時代の複葬例は他にも，千葉県天神前（中期），同県新田山，茨城県上仙波，群馬県上久保，静岡県原添など多数に上る。群馬県岩櫃山，同県八束脛遺跡はとくに顕著な例で，帝釈峡の岩陰遺跡や，沖縄の具志川島遺跡が想起させられる。

東北の例としては，宮城県小泉の15例の合口の甕，仙台市西台畑，岩手県水沢市広町常盤の合口の甕も，収骨再葬の例と考えられよう。

古墳時代は階級の形成期である。首長墓と見られる大古墳の場合は，現世の巨大な権勢が死後にひきつがれて畏怖されるために，遺骨をとり上げる手続でなくて，むしろ鎮魂の祭儀が重んじられたものであろう。しかし横穴式墓壙には重葬が行なわれている。そこで，骨寄せの場所の用意されている事例を見ると，琉球諸島に見出される崖葬から展開した横穴式の崖墓の内部における，複葬的処置との関連を考えたくなるのである。北九州の事例であるが，福岡県瀬高町大草字椎捨谷女山長谷第20号墳（村山健治『女山長谷古墳群』邪馬台郷土史会，1961）の内容は極めて興味深い。報告者によると，羨道の蓋石を排すると，前葬の骨は片づけられていて，玄室のやや前部には人骨が整然と並んでいたとされる。図によると明らかに収骨再葬の手続がとられているように見える。ことに興味深いのは，奥壁に近く骨粉の層があることである。収骨再葬された骨は，第三次の段階で骨粉とされて集積されたものと見られる。解説と図によると，琉球における横穴式石室，破風墓，亀甲墓の内部における遺骨の処置の状況に近似している。東日本における事例として，長野県鳥羽山洞穴（古墳時代）の葬例は，報告によると，奥壁に接して，長管骨を束のようにまとめておいてあるというので，収骨再葬したと考えてよかろう。報告者は西南諸島に伝承されている葬制を想起している（永峯光一氏，日本考古学協会第3回総会報告，1968）。

歴史時代における形跡を辿ることは，最早スペースが許さないが，最近代にわたって残存していた両墓制の古層の形式と考えられる移葬を伴う両墓制なる葬制が先史古代的複葬につながるものであることを疑うことはできないと思う。日本民俗学の葬制研究者は，中国地方の西部から九州にかけて，両墓制がないと主張してきたが，調査が行きとどかなかったことによるもので，近年，収骨再葬を伴う南島的複葬は中国地方西部にも，九州のシナ海側海辺にも，太平洋側海辺にも分布することが明らかにされつつある。収骨再葬の場合，洗骨的処置がとられることが多いが，例えとられなくとも複葬的処置としての本質において変る所はないのである。詳細な註記は残念ながらスペースがないので略してある。

方形周溝墓と墳丘墓

茨城大学助教授
■ 茂木雅博
（もぎ・まさひろ）

方形周溝墓は汎日本的に分布するが，墳丘墓は吉備・山陰
地方に集中している。しかし出土品などには共通点も多い

1 方形周溝墓の発見

かつて弥生時代の墓制には，甕棺，支石墓，箱式石棺などが一般的といわれ，特定な墓域をもつ墓葬の実態は不詳であった。

1964年7月，東京都八王子市宇津木向原の中央自動車道の敷設工事の現場で，大場磐雄によって，整然とした4基の方形区画が発見されたことによって，弥生時代から古墳時代にかけての墓制研究は大きく進展することとなった。

当時筆者は学部4年であり，大塚実，鈴木敏弘らの協力によって，このいまだ実見したことのない遺構の検出に苦慮したことがなつかしく想い出されるのである。溝中から発見される土器群，さらに中央部の土壙から出土するガラス玉などから埋葬遺構であろうと想定はしたものの断定することはできず　大場から「その名称を考えるよう」にと指示され，「方形環濠状特殊遺構」とか「方形周溝状特殊遺構」とか「墓」と断定することをさけていた。

その年，群馬大学で開催された日本考古学協会の大会で大場は「方形周溝特殊遺構」として，スライドを使用して紹介した[1]。その主な内容は，「この発見場所は多数の同期竪穴群から若干離れていること，住居関係の遺構のないこと等から，一応住居跡でないことは明らかである。すると内部発見の土壙から見て墓地と判定する可能性が強いが，4個の中2個には土壙の存在が認められない点が疑問になる」ということで「墓」としての断定を示唆しながらも慎重な解釈をされている。

翌1965年12月，和島誠一の要請に答えて，『日本の考古学』月報3に「方形周溝墓」を公表した[2]。その中で大場は「私は土器形式が関東地方における弥生式最末期の前野町式に相当するので，同時期の墓と推定し，内部主体は舟形の土壙，ガラス玉はその副葬品であると考えたい。そして，一応『方形周溝墓』と仮称した」と始めて類例を示して「特殊遺構」から「墓」への断定を

行なった。しかもこれらの墓制が「弥生期から古墳初期にわたって行われた」とし，さらに福井県王山・長泉寺山墳墓群とも脈絡をもつものとして結ばれた。

その後，福井県原目山，大阪府瓜生堂，茨城県須和間などの調査によって，こうした墓制の中に低墳丘が確認されるようになり，熊本県塚原のように時代の下降するものも発見されるようになった。今や方形周溝墓は，その発見例の増加により，九州から東北地方まで汎日本的な範囲に分布することが明らかにされている。

2 墳丘墓と台状墓

一方，墳丘墓は，倉敷市楯築遺跡を調査した近藤義郎によって命名されたものである。

1977年近藤は「古墳以前の墳丘墓」の中で次のように規定している[3]。「周溝墓がおもに溝によって，台状墓がおもに周囲の削りだしによって墓域を画そうとしているのに対し，おもに盛土によって墓域を画し形成しようとしている」とされ，さらにこうした墳丘墓は「その大部分が前方後円墳成立以前のものであり，その影響によって発生したものではない」と述べておられる。

方形周溝墓が沖縄及び北海道を除いて汎日本的に分布するのに対して，墳丘墓は吉備から山陰地方に集中し，その成立時期も弥生時代中期後葉から後期初頭にあらわれるという。

なお方形周溝墓や墳丘墓のほかに近藤は台状墓という概念も規定されている。それは「周囲を削りだして墓域を画している」[3]とされる。

一方，この時期の墓制研究を積極的に進めている鈴木敏弘は，「周溝墓」「台状墓」「台状墳」と分類している[4]。つまり周溝墓については，「溝により区画される墓域を持ち，方形，円形に大別されるが不整形や部分的な区画しか認められないものも含む。埋葬施設は，原則として地山に掘り込むが，盛土が発達すると地山に達せず，封土中に主体部がある」。

59

台状墓については，「地山を整形して立体的墓域を形成するが，溝の区画は末梢的となって意味を失う。方形，円形に大別されるが，不整形や自然地形の利用を含む。埋葬施設は地山に掘り込み，墳丘（封土）となる盛土は未発達で，主体部が封土中に設けられることはない」。

さらに台状墳については，「埋葬施設を墳丘（封土）中に設けるため，最初から計画的に行なう。そのために周溝や地形の整形によって，一定量（墳丘中に主体部を設けるだけ）の盛土を確保する」などの規定を行なっている。鈴木の整理では周溝墓にも盛土の一部が認められることを前提とするが，近藤は「四方の穿溝によって墓域を画す方形周溝墓」という規定をされ，それが前提となって墳丘墓という概念が成立しているため鈴木と近藤との間にはこれに対してニュアンスの違いがある。

本稿では，こうした区画された弥生時代の墓制を通して両者間にどのような較差がみられるかを出土遺物を通して検討してみたい。ただし方形周溝墓については弥生時代に，墳丘墓については近藤の主張されるものにとどめて整理することからはじめたい。

3 方形周溝墓にあらわれた遺物の出土状況

最初に弥生時代に属する方形周溝墓のうち，比較的遺物の出土状況を詳しく知ることのできるいくつかの遺跡を表示して，その後で全体的に概観しておきたい。

まず簡単に方形周溝墓から発見される遺物の出土位置を列記してみた。これらを観察すると，埋葬施設から副葬品が発見される弥生時代の周溝墓は非常に少ないことが理解できる。山岸良二の集成によると，弥生時代に属する周溝墓の主体部か

遺 跡 名	溝 中 遺 物（土 器）	埋 葬 施 設	備 考
南総中 G-22	北溝底（鉢1，甕1）	土壙（副葬品なし）	
〃 K-21	東西溝底（壺1）南東溝（壺1）	土壙（ 〃 ）	
〃 F'-46	北溝（甕2，壺片）南溝（壺1）西溝（甕1）	なし	
〃 J'-31	南溝（壺2）北溝（壺1）	土壙（副葬品なし）	
〃 M'-31	北西溝（壺2）東南溝（壺1）	なし	
〃 V'-38	南東溝（壺1）南西溝（壺1）	なし	
神谷原 SX 02	東溝（壺2，器台1，坩1）西溝（壺2，北側コーナー壺1）南溝（壺1）北溝（手捏1）	土壙（副葬品なし）	
〃 SX 09	西溝（壺1）	土壙（炭化物）	
〃 SX 14	東溝（壺3）西溝（坩1）北溝（甕1，坩1）北西コーナー台付カメ	なし	
〃 SX 15	北溝（台付カメ1）	土壙（坩，桃の種子）	
〃 SX 16	壺1，坩1，甕（台付1）	土壙（副葬品なし）	円形
〃 SX 17	東溝（坩1）西溝（坩1，高坏1）北溝（壺2，坩1）南西（壺1）北西（坩1，高坏1）	土壙（副葬品なし）	
〃 SX B	西溝（坩1）北溝（壺1）	土壙（鉄器？）	低マウンドあり
歳勝土 S 3	北溝（壺1）	土壙（副葬品なし）西溝壺棺	
〃 S 4	東溝（壺1）南溝（壺1）	土壙（副葬品なし）南溝壺棺	
〃 S 11	西溝（壺2）	なし	
〃 S 13	東溝（壺2）	〃	
〃 S 14	西溝（壺1）	〃	
〃 S 15	北溝（壺1）	〃	
〃 S 16	北溝（鉢1，壺1）南溝（壺1）	土壙（副葬品なし）	
〃 S 17	北溝（壺3）南溝（壺1）	なし	
向原 1	東溝（壺1）西溝（壺2，甕2）南溝（壺1，高坏1）コーナー（東南壺1，南西高坏1，甕1，北壺1）	なし	
向原 2	西溝（壺2）	土壙？（ガラス丸玉4，小玉2）	
向原 3		土壙（ガラス丸玉）	
向原 4	東溝（壺2，坩1）西溝（器台1）コーナー（東南坩1，東北壺1，北西壺1，南西壺1）	なし	
東奈良 F-4-N区1	周溝より検出された土器は2〜3層に重り合って検出された。大半は破砕されて発見され，南・北両溝より検出されている。その器種は，圧倒的に壺が多く，他に水差形土器，台付鉢が含まれる。	木棺墓2（副葬品なし）	周囲に多数の土壙墓あり
〃 A-6-K区1	東溝9点以上（壺，高坏）南溝（壺1）北溝（甕1）		
瓜生堂 A区 1	盛土中に壺，甕あり。北溝（壺，甕，高坏など多数）		盛土あり
〃 2	北西溝（壺，甕，鉢）	土壙1（副葬品なし）	
〃 4	東周溝（壺，甕）	木棺1（副葬品なし）	
瓜生堂 B区 7	盛土内より土器多量，管玉1，東裾（甕）	土壙5（副葬品なし）	周溝なし，盛土あり
〃 8	盛土上，内より土器多量	土壙7（副葬品なし）	盛土あり
瓜生堂 D区21	盛土より壺，南東（鉢，甕）北溝（壺，甕，鉢，高坏など多量）	土壙15（4号より人骨）	盛土あり
池上F地区A	東溝（壺，鉢）西溝（壺，甕，木弓片）南溝（壺1）北溝（壺6，甕2）		北西隅に木炭と灰あり
〃 B	東溝（壺）西溝（高坏）		
〃 C	東溝（壺，高坏）		東南隅に木炭と灰あり

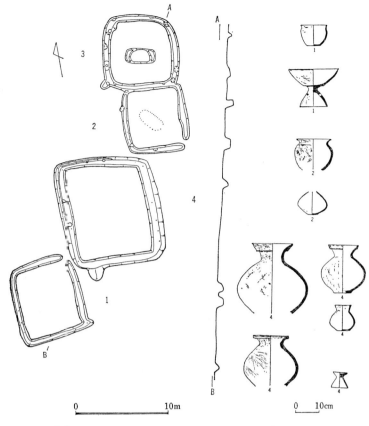

宇津木向原遺跡の方形周溝墓と溝内出土の土器（報告書より転載）

ら副葬品と思われる遺物を検出した例は関東地方6ヵ所，中部地方15ヵ所，近畿地方3ヵ所，九州地方1ヵ所というデータが公表されている[5]。周溝墓全体からみるときわめて少数であり，大半は無遺物であることが多い。

それに対して周溝内から土器の発見される例はかなりの数にのぼる。その出土状況を観察すると，溝底に密着した状態のものもあるが大半はある程度浮いた状況で発見されているものが多い。このことは近畿地方に比較的多く見られる低墳丘を有し，その盛土内から検出される土器の出土状況から，周溝墓には低墳丘が存在したことを物語るものも多い。

周溝から発見される土器群の器種構成をみると，関東24遺構中壺が22遺構から検出され92％の確率である。次に多いのは坩で6遺構25％，甕4遺構，台付甕3遺構，高坏，鉢各2遺構，器台，手捏土器各1遺構となっている。関東地方においては周溝内より壺及び坩の発見例が比較的多い点が注目される。しかもこれらは完全な形で発見される例が多い。

これに対して近畿地方の場合を観察すると，土器群が豊富である。例えば東奈良F-4-N区1号のように「供献土器の多くは完形品あるいは完形品に近いものが少なく，周溝内および周溝上，周溝外において出土している」と報告されている[6]。このような現象は同遺跡A-6-K区1号においても同様であり，「東溝9点以上，北，南溝に各1点が出土したが，完形に近いものは少なかった」[6]という。東奈良遺跡ばかりでなく瓜生堂A区1号においても同様である。

しかしその器種構成においては壺が多く坩はあまりみられず甕が壺に次いで多い。高坏や鉢などは関東地方に変りない。近畿地方の特徴は，盛土内に土器群が発見される例が存在することである。例えば瓜生堂A区1号では壺，甕が各1個体発見されているし，同遺跡B区7号，同8号では次のように報告されている。7号「盛土内からは，多量の土器，管玉を含む多数の石器を検出した」。8号については出土状況の記載はみられないが，「盛土内出土土器」として26個の土器片が図示されている。同9号についても同様で「盛土内からは，多量の土器や石器，獣骨などを検出した」[7]。

次に周溝内に土壙を有し，その中に壺を埋置した例がいくつか存在することも紹介しておかねばならないだろう。例えば歳勝土S3，同S4がそれである。S3号では西溝の北寄り溝底深く合せ口状に壺に甕が合せられて発見された。報告によると「溝底の北端からほぼ1.95m南に寄った所から1mにわたって溝底を約10cm掘り下げ，そのほぼ中央部に甕を被せた壺棺を据えている」[8]と記している。S4号では，南溝の西端に合せ口の壺棺が発見され，次のように報告されている。「壁直下の溝底を幅5cmほど残して50×40cmの楕円形に掘り込み，さらにその中央部に22×15cm，深さ6cmの凹みを設け，そこに胴下半部を据えるようにして壺棺が埋納されていた」[8]。

61

このように周溝中に埋葬する例が比較的多いことも周溝墓を考える上で注目しておかねばならない。

4 墳丘墓にあらわれた遺物の出土状況

近藤は墳丘墓の代表的なものとして次の遺跡をあげている[9]。岡山県楯築神社，宮山，立坂，伊与部山，鋳物師谷2号，都月坂2号，女男岩，鳥打雲山，兵庫県西条52号，鳥取県阿弥大寺1号，島根県仲仙寺山，宮山，西谷，西桂見，広島県矢谷，富山県杉谷などがそれである。本稿ではこれらの中から調査を終えて遺物の出土状況の判明するいくつかの資料を紹介しながら，そのあり方を検討してみたい。

墳丘墓に関する資料は研究歴が浅いためにあまり公表されていない。ここに紹介したものは墳丘墓の提唱者近藤義郎が，墳丘墓と呼称するものの中から筆者の知り得た情報である。

遺跡名	土器出土状況	埋葬施設	備考
楯築	円礫堆より（土製勾玉，管玉，人形土製品，鉄片，孤帯石）特殊器台，壺	木槨墓1，土壙1，勾玉1，管玉数百，小玉，剣，水銀朱30kg以上	棺外埋葬あり
女男岩	北溝（C）より台付家形土器，壺，特殊壺，高坏，鉢，石	土壙墓，北裾にも土壙3基あり。中央土壙より鉄剣2，人骨あり	かなり変形している
西条52号	埋葬施設の周辺に5個の壺を埋置する。	石槨（竪穴式石室状）朱，剣，内行花文鏡，高坏，壺	列石あり
仲仙寺9号	墳頂部と裾部より（壺，坩，甕，高坏）出土	木棺3（管玉）裾部に箱式石棺3	四隅突出，貼り石あり
仲仙寺10号	墳頂部大形土壙上面と南斜面より土器（壺，高坏，坩）出土	土壙墓11（木棺4基確認）管玉，裾部に石蓋土壙，箱式石棺あり	四隅突出，貼り石あり
宮山Ⅳ号	墳丘斜面及び列石付近から壺，器台，高坏出土	土壙2（木棺1確認）直刀1，朱	四隅突出，貼り石あり
西谷3号	墳頂部に特殊器台，特殊壺あり	土壙3？	四隅突出，貼り石あり
西谷4号	墳頂部より特殊器台，特殊壺，壺，器台，高坏	不明	四隅突出，貼り石あり
阿弥大寺1号	カット面下層より出土，東西両突出部付近に多い（壺，甕，高坏，器台）	主体部2基，副葬品なし。墳丘外に土壙墓多数あり	列石あり
矢谷	東溝（壺，特殊器台，特殊壺）南溝（壺）北溝（特殊器台，特殊壺）前方部東溝（壺，高坏，器台）	主体部11基（うち5号が中心）5号に供献土器あり（鼓型器台，壺，高坏，注口付壺）副葬品（ガラス玉3，管玉5）	列石，貼り石あり

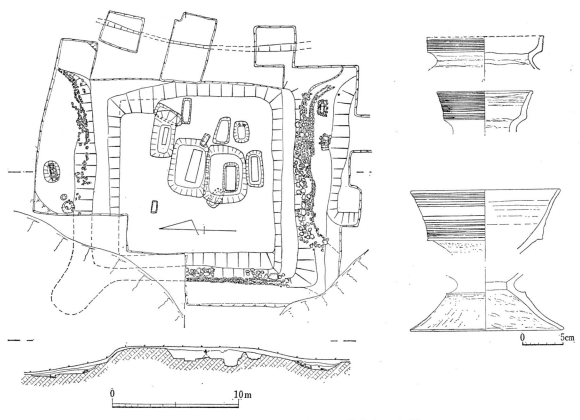

仲仙寺10号四隅突出形方墳と出土土器（報告書より転載）

これらを簡単に整理すると，第1に埋葬施設が複数存在することがあげられる。このことについて近藤は「中心的埋葬がしだいに顕著に形成され，卓越し，やがて一つの中心埋葬が墳丘をほとんど独占し，ほかの埋葬は周辺または墳丘外方に排除されるという推移の一般的図式を指摘できるようである」[9]と述べている。このことは先に紹介した「前方後円墳成立以前のものであり，前方後円墳の影響をうけない」との前提と比べて興味ある推論といえるだろう。その形態は土壙が多く，中には兵庫県西条52号墓のように竪穴式石室状のものも存在するが，大半は土壙墓で木棺の痕跡の認めうれるものもある。しかし中心に甕棺を埋置するものはなく，甕棺墓や支石墓などとは形態を異にするようである。

次に副葬品を観察してみよう。弥生時代中期に甕棺などに突出される副葬品の構成とは全く異る内容であり，しかも少数の場合が多い。とくに鏡鑑の伴出列が皆無に近いことである。具体例は表示しておいたので参照していただきたいが，西条52号墓を除いて現在のところ鏡の副葬はみられない。玉類と鉄器の組み合せなどを代表とすることを考えると方形周溝墓や台状墓と変りない。

最後に供献土器を観察すると，当然のことながら墳丘上から発見されるものが多く，溝の中から出土する場合も多い。

例えば楯築遺跡の場合は，埋葬施設上面に円礫の集積があり，その中から破砕された土器や祭祀用品と思われる遺物が発見されている。また女男岩遺跡では周囲がかなり変形しているが，中央主体部北側の溝状遺構の中から多量の礫と共に台付家形土器や壺，高坏，鉢，特殊壺などが出土している。こうした土器の器種構成をみると方形周溝墓と大差はないが，吉備型と呼ばれる器台と壺は周溝墓からはほとんど発見されない。

5 まとめ

方形周溝墓と墳丘墓を比較検討すべく資料を紹介してきたが，周溝墓に対して墳丘墓は資料が乏しく，対等に検討することは時機尚早のように思われる。それは両形式の墳墓が現象的に共通する部分が多く，やがて出現する前方後円墳とはあまりにも異なることである。これらの共通点と相違点を整理すると，

①墳丘墓の大半は尾根上にあるが，周溝墓にも比較的多く，周溝墓がすべて平地に占地するとは限らない。

②墳丘墓は勿論のこと，周溝墓と呼ばれているものでも墳丘を有するものは多い[10]。

③両者共に墓域内から土器群が発見される。その器種構成，出土状況などはほとんど変りない。ただし墳丘墓からは吉備型の特殊器台・壺を伴うことが多い。

④両者共長大な埋葬施設を有せず，比較的小規模な棺・槨を主体部としている。前方後円墳のような長大な施設はみられない。

⑤副葬品も貧弱で前期古墳のように鏡や宝器類を多量に含むことがない。これは甕棺墓とも異なるようである。

⑥両者の大きな相違点は，周溝墓には貼石・列石・茸石などの外護施設が存在しないのに対して，墳丘墓にはきわめて整然とした石材使用の外護施設が設けられている。とくに吉備から山陰地方にかけてこうした外護施設が一般的とされる。河原石や割石を使用して設けられるこうした施設と古墳の茸石とは何らかの関連が存するであろう。単なる吉備から山陰地方にかけてのローカルな墓制であったか否か検討しなければならない。やはり周溝墓・台状墓・墳丘墓といった区画を有する墓制を基礎として高塚墳墓が出現することになるのであろう。

註
1) 大場磐雄「東京都八王子発見の方形周溝特殊遺構」日本考古学協会昭和39年度大会研究発表要旨，1964
2) 大場磐雄「方形周溝墓」『日本の考古学』月報3，河出書房，1965
3) 近藤義郎「古墳以前の墳丘墓」岡山大学法文学部学術紀要，37，1977
4) 鈴木敏弘『原始墓制研究I～V』原始墓制研究会，1973～1977
5) 山岸良二『方形周溝墓』ニュー・サイエンス社，1981
6) 田代克己ほか『東奈良I』東奈良遺跡調査会，1979
7) 藤沢真依ほか『瓜生堂』大阪文化財センター，1980
8) 坂上克弘・坂本彰編『歳勝土遺跡』横浜市埋蔵文化財調査委員会，1975
9) 注3) および近藤義郎『前方後円墳の時代』日本歴史叢書1，岩波書店，1983
10) 福井県王山，原目山遺跡，千葉県請西遺跡，茨城県須和間遺跡など，低墳丘をもった周溝墓が存在することでも明らかである。

赤色の呪術

市毛 勲
早稲田実業学校教諭

1 赤色顔料と施朱の風習

色に対する人類の反応は赤に最も強い。赤色は生命の色であり、活力を意味し、人類の永遠を約束する。それは血液が赤色であり、女性生理の凝固が生命の誕生となって現われるからである。こうして赤の呪術が始まる。これに対し、黒色は暗であり静寂を意味し、死の世界である。だから人類は黒を忌み嫌い、恐れる。

赤は赤い実や花から得られる植物性の顔料と、天然に産出する鉱物性の顔料とに分けられる。身体に塗布する赤色顔料の多くは植物性のものであり、それは得やすく塗布も容易である。しかし、腐蝕すると色彩は消失し、考古学上の資料としてはあつかい難い。鉱物性顔料は火熱などを受けないかぎり不変であり、器物や壁画の顔料などとして残りやすい。法隆寺金堂壁画の赤色顔料は水銀朱・ベンガラ・鉛丹の3種で、いずれも鉱物性顔料である。縄文土器に塗布される顔料はベンガラが多く、縄文時代遺物には辰砂（天然水銀朱）が塗布されることもある。土器へのベンガラ塗布は弥生・古墳時代になっても変らない。

生体に塗布する赤は植物性であったと推察されるが、死体への塗布は鉱物性顔料が用いられた。死体の場合、赤色顔料の出土状態から塗布・散布の区別は難しく、両者の行為がとられたことは十分考えられる。したがって、塗布・散布の意味をこめた施朱という用語が最も妥当する。朱は化学用語では水銀朱を意味する。一般に朱と表現したときは赤と赤いもの全体を指し、赤と朱の区別は明瞭ではない。主として死体または遺存骨に赤色顔料を施す風俗習慣を施朱の風習とよぶ。

2 縄文時代の施朱

人類史の上では施朱の風習の始まりは旧石器時代にまでさかのぼり、日本列島では縄文時代前期である。北海道にいちはやく現われ、土壙底にベンガラが検出される。土壙に伸展した死体の全体または頭胸部に施朱した結果と思われ、縄文後・晩期には北海道・東北北部地方で盛行した。この頃になると、九州北部でも施朱の風習がみられるようになる。この施朱の風習は関東・中部地方の縄文時代に認められないことから、北海道・東北北部縄文文化の影響のもとに生まれたものではなく、大陸からの渡来人とともに入ってきたものであろう。大陸には早くから施朱の風習が認められ、漢代になると朝鮮半島の墓制にも見られる。

縄文時代における北海道・東北北部地方の施朱の風習では、貝塚人骨の観察によると、顔面部に4〜5cmの厚さにベンガラを盛りつけており、下半身には施されていない。墓壙の場合では、ベンガラが壙底に3〜5cmの厚さに残存することもあり、これは顔面部のみへの施朱ではなく、死体全体が朱漬けに近い状態にされた結果であろう。しかし、この期のすべての墓壙や人骨に朱が認められるわけではなく、また群を形成するときには一部の墓壙・人骨のこともある。この理由は謎の一つである。また、北海道におけるベンガラの入手は容易であり、それにもかかわらず、施朱されない墓壙は施朱された墓壙よりはるかに多い。この解釈も難しい。

3 弥生時代の施朱

弥生時代に下っても北海道・東北北部の縄文時代の施朱の風習は残る。例えば、福島県天神原遺跡は縄文文化の影響を強く残した弥生時代の墳墓群で、土壙墓48基、土器棺33基からなり、ベンガラの施朱された土壙墓9基、調査された24基の土器棺墓のうち内部にベンガラの認められたものは20基に達し、おそらく土器棺の場合はすべて施朱されたと理解してよいであろう。土壙墓におけるベンガラ土層は1〜5cmの厚みをもち、確認範囲はいずれも頭胸部に限り、全体にわたるものではなかった。この施朱の風習は関東地方弥生時代墓制にまで及んでいると推察される。しかし、北海道・東北北部の縄文時代に起源をもつ東北地方の弥生時代施朱の風習は、天神原期を最後に消滅し、東北地方において次に現われる施朱の風習は九州北部に起った施朱の風習が伝播してきたものと認められる。

九州北部において縄文時代に現われた施朱の風習は、弥生時代に受け継がれた。前期においてはさほどの展開を見せなかったものの、中期の須玖式カメ棺の普及とともに施朱されたカメ棺・石棺・土壙数は増大し、須玖式カメ棺内部に3分の1ほども辰砂の詰められた例も見られるようになり、著るしい展開を見せた。縄文時代においては知られなかった辰砂とベンガラの使い分けも明確化した。辰砂は頭胸部に、ベンガラは死体下半身部や石棺・土壙壁などに施され、カメ棺における施朱は辰砂が、石棺・土壙の場合は主としてベンガラが用いられた。辰砂は細かい粒子から粗い粒子まで各種大きさのものが混在して一定せず、比重水簸法の未熟さを物語っている。本邦水銀（辰砂）鉱山の開発されていない段階では、大陸産の辰砂にたよったはずであり、初期の辰砂は中国伝来のものと考える。

カメ棺・箱式石棺・石蓋土壙は九州北部弥生時代の墓制であるが、畿内の墓制は方形周溝墓に代表される。方形周溝墓は主体部に木棺（土壙）や土器棺をもち、中期には東日本へ急速に広がった。しかし、九州北部の墓制とは異なり、施朱の風習をもたなかった。畿内とその周辺に辰砂の塗られた赤い銅鐸やベンガラによる赤色塗彩の弥生土器が少なくないわけであるから、施朱の風習の材料を欠いたわけではない。つまり、方形周溝墓を出現させた集団には、元来施朱の風習をもたなかったことを意味しよう。しかし、福岡県平原遺跡の方形周溝墓は施朱されており、これは施朱の風習をもつ集団に方形周溝

徳島県若杉山遺跡（辰砂採掘砕石址）の全景

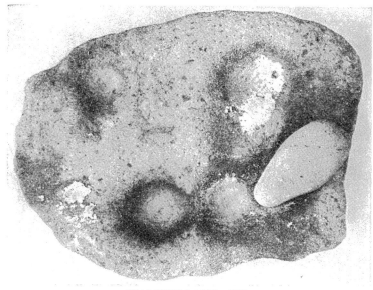

若杉山遺跡出土の石杵・石臼
辰砂はこの種の石杵・石臼でつぶされ，磨られて粉末となり，比重選別によって真赤になる。

墓が採用された結果とみられる。東日本の弥生時代方形周溝墓では，多数の発見例があるにもかかわらず施朱の風習は認められていない。弥生時代後期に下ると，瀬戸内から畿内の墓制にも施朱の風習が現われる。方形台状墓・四隅突出墓・土壙墓・いわゆる墳丘墓に施朱されたものが目立つ。墳丘や周溝をもたない木棺墓にも施朱の風習が採用される。山口県土井ヶ浜遺跡の弥生人骨の施朱やその後の岡山県女男岩遺跡中央墓壙全面に辰砂が施され，とくに顔胸部に濃厚である例など九州北部に起った施朱の風習をおいて説明することはできない。九州北部の施朱の風習は，東に南に伝播していったと思われる。

岡山県の弥生末期墳墓における施朱の風習は顕著である。黒宮大塚古墳や楯築遺跡の施朱の風習の状況は，その中心が九州北部から移ってしまったといっても過言ではあるまい。楯築遺跡は弥生墳丘墓と称され，双方中円形を呈し，円丘部は43m以上の巨大な墳墓である。その主体部は木棺・木槨であり，棺底に32～33kgの辰砂が残存していた。頭胸部の辰砂の厚さ5～6cmで，下半身部は1～2cmと薄い。これほど大量の辰砂を施された被葬者は他に例をみない。楯築遺跡の頃には，本邦の水銀（辰砂）鉱山の開発も始まったと思われ，同時に中国産の辰砂も多量に伝来していたから，楯築遺跡出土辰砂の産地同定は重要である。

4 古墳時代の施朱と消滅

古墳時代になると，弥生時代末期のあとを受け畿内を中心に施朱の風習の全盛期をむかえ，九州北部をはじめとする全国に波及する。4～5世紀代の古墳被葬者で施朱を受けない者はいないほどである。施朱の風習は東北北部から九州南部にまで達し，「丹生」地名の残る地域での辰砂採取が盛んになった。頭胸部には辰砂，下半身部にベンガラを施す弥生時代以来の傾向は変らず，墓壙壁・石室壁の顔料にはベンガラを用いた。

6世紀に馬具の鍍金が始まり，やがては仏像鋳造・鍍金さえ開始される。鍍金はアマルガム法により，多量の水銀を必要とする。工人は辰砂を製錬して水銀を得る。金色への憧憬は赤の呪術を凌駕した。

参考文献

市毛 勲『朱の考古学』雄山閣，1975

市毛 勲「水銀―民俗と製造技術」『稲と鉄』小学館，1983

大島直行「ウサクマイ遺跡L地点」『苗別川流域における考古学的調査』千歳市教育委員会，1978

馬目順一『楢葉天神原弥生遺跡の研究』篆修堂，1982

本田光子「考古学的遺物としての赤色顔料の分類について」『昭和52年度修士論文要旨』東京芸術大学大学院美術研究科，1978

間壁忠彦・間壁葭子「女男岩遺跡」倉敷考古館研究集報，10，1974

近藤義郎『楯築遺跡』山陽新聞社，1980

モガリと古墳

専修大学教授
■ 久保哲三
（くぼ・てつぞう）

考古学の上から直接モガリを示す遺跡・遺物はほとんど知ら
れていないが，間接的にその存在を示す資料は増加している

1 はじめに

日本書紀に見える天皇の中で，その死後直ちに
埋葬されたのは崇峻天皇だけである。これは蘇我
馬子により暗殺されるという異常事態の中で生じ
た例外的なことで，他の天皇の場合はいずれも死
後 2・3 ヵ月ないし数ヵ年の期間をおいて埋葬さ
れたと伝えられている[1]。この死から葬までの期
間，遺骸は，喪屋・殯宮に安置されるか仮埋葬さ
れ，墳墓に本格的に埋葬されるまで遺族や大ぜい
の関係者によって供膳・歌舞・誄詞奏上などさま
ざまな儀礼が行なわれた。この死葬期間における
行事をモガリとよんでいる。

モガリは，「殯」の字があてられているが，本
来これは中国の喪葬儀礼の一つをあらわす文字で，
『説文解字』には「殯。死在レ棺将レ遷二葬柩二
賓二遇之二」とあり，「儀礼」巻 12 士喪礼にその
内容が記されている。それによれば，死の第 1 日
目に 復，沐浴，襲などを行ない，2・3 日目，
屍を包み被い，その後，棺に収めて殯宮に置く。
その期間は高位のものほど長く，その間，嗣子は
倚盧に起居し，朝夕の哭礼と奠をつづけ，定めら
れた期間が終わると，墓地，葬日を占って埋葬さ
れる。

中国の文献には魏志や隋書のように日本のモガ
リについて具体的にふれているものがあり，日本
でも，古事記の天若日子の葬送神話に「作二喪屋二
殯レ之」とあるのをはじめ，記紀・続日本紀・
万葉集・令集解などにかなり多く殯に関する記事
がみとめられ，文献史料の上からは，古墳時代に
おいても殯が行なわれたことが推測されている。
しかし直接モガリを示す遺跡・遺物，例えば喪屋
の遺構とか殯の際に使用した遺物などはほとんど
知られておらず，考古資料を通して直接的に殯の
事実を証明することは困難である。ただ全く資料
がないわけではなく，間接的にモガリの存在を示
唆する資料は急速に増加しているといってよいで
あろう。

2 モガリに関する考古資料

1955 年に筆者も調査に加わった栃木県佐野市
の八幡山古墳は改葬による古墳とみられる。丘陵
の最頂部に占地した径約 46m の円墳で，墳頂下
0.5m に長さ約 2.5m，幅 0.3〜0.5m，高さ 0.3
m の小石室があり，そのほぼ中央に壮年男子の
人骨（肋骨・脊椎骨・仙骨・寛骨・大腿骨・下腿骨な
ど）1 体分が一たばにかたまって埋葬されてい
た。小石室内には短甲 1，衝角付冑 1，たて櫛 8，
直刀 2，鉄鏃 34，滑石製臼玉若干がびっしりと
副葬されており，それらの上にでも置かない限り
遺体を伸展で埋葬することは不可能であった。ま
た，1 体分の人骨が一まとめに置かれていたこと
よりすれば，遺体を別の場所で処理して改葬した
と考えるよりほかはなかった。

この八幡山古墳は 2 つの要素から改葬を示唆し
ている。①埋葬施設である石室の規模が小さく，
成人をそのまま収容しにくいことであり，②は，
遺体（人骨）の埋葬状態である。埋葬施設が物理
的に遺骸を伸展のまま収納しきれないものとして
は，すでに大正初年喜田貞吉氏が小型の箱式石棺
の例をあげて，洗骨を前提とする改葬を考えてい
る[2]。その後，福原潜二郎・浅田芳朗氏らが洗骨
埋葬を示す小石棺の例を紹介され[3]，最近では国
分直一・斎藤忠氏らが縄文以来の洗骨葬を体系的
に論じられている中で，古墳時代の改葬例をあげ
られている[4]。筆者もかつて実見した群馬県の佐
波郡赤堀村達磨山古墳，同村南原H古墳，同K古
墳，同村蕨手塚古墳，太田市小谷場A古墳，同B
古墳，高林 72 号墳などがいずれも石室の高さ
0.15m 内外，内径 0.35m 内外で成人の遺体を
そのまま直葬したとは考えにくいことをあげ改葬
墓と考えた[5]。

その後，このような小石室や小石棺をもつ古墳
は各地で知られるが，とくに注目されるのは奈良
県御所市石光山 22 号墳である。径約 12m の円
墳と推定され，埋葬施設としては木棺，箱式石棺，

横穴式石室の計3基が確認されている。この中埋葬施設3の箱式石棺は、長さ1.35m、幅0.5m、高さ0.18mという小規模ながら成人男性骨が1体分おさめられていた。調査した島五郎氏は「人骨の保存状態は良好であるが、手根骨・指骨等の小さな骨は失われており、骨の配列は甚だ不自然なものであった。左右の肩甲骨は逆側に置かれ、それぞれ肋骨面を下方に向けて裏がえっており、左右寛骨はいずれも仙骨盤面を地に向け、……頭蓋方向を向いていなければならない腸骨稜が逆方向を向いている。また第6および第7頸椎と1個の胸椎は頭蓋骨から最も離れた位置に置かれていた。しかし決して乱雑に散乱しているものではなく、ある種のまとまりも見られる。……上肢の長管骨は頭蓋に近く置かれ、下肢の長管骨はより遠くに位置している……」[6]と指摘し、改葬墓であることを証明した。

また奈良県宇陀郡榛原町の能峠2号墳でも長さ1.28mの石棺から成人骨4体分が検出されている。前葬者をとりかたづけるという状態で4体あるのではなく、4体とも骨化ののち、埋葬されたものであると指摘している[7]。このような小規模な埋葬施設ではなく、優に伸展できる石室の場合でも、遺体の埋葬状態から改葬を示す古墳が知られている。群馬県太田市鶴山古墳は全長104mの前方後円墳であるが、後円部墳頂下の長さ2.8m、幅0.85m、高さ0.6mの竪穴式石室の中央に臂骨と脚骨と思われる長管骨だけが一束になって検出され、頭骨も歯も検出されなかったという。また茨城県東茨城郡大洗町磯浜町の鏡塚古墳は、全長105.5mの大形前方後円墳で、後円部に10mをこす狭長な粘土槨を持ち、中に、鏡・玉・直刀・釿・鉇・刀子・斧・鎌・滑石製模造品・竪櫛などが副葬されていたが、粘土槨中の0.3m四方の場所に朱と鏡の緑青にまじって成人の頭骨・臼歯・肋骨・骨盤などがまとめておかれてあり、改葬されたことを示している。

このほかに、人骨の配置状態から改葬の推定される埋葬施設としては、茨城県筑波町小田古墳（円墳・箱式石棺）、同県鹿島郡大洋村梶山古墳（円墳・箱式石棺）、長野県小県郡丸子町鳥羽山洞穴、愛知県幡豆郡吉良町岩場古墳（帆立貝式古墳・埴輪棺）、同県広陵町於古墳（円墳・箱式石棺）、大阪府枚方市楠葉古墳（円墳・箱式石棺）、同府羽曳野市駒谷町飛鳥（箱式石棺）、京都府綴喜郡田辺町堀切

谷6号横穴（家形石棺）、同府亀岡市曽我部町法貴B1号墳（箱式石棺）、熊本県玉名市山下古墳（前方後円墳・壺棺）、福岡県筑紫郡那珂町炭焼2号墳（方墳・箱式石棺）などが知られる[8]。以上の諸例の中で茨城梶山例と大阪楠葉例は、人骨に赤彩がみられ、遺体が骨化した後に塗布したものであるとしている。このことは、すでに小片保氏も鳥取県古郡家1号墳や岡山県月の輪古墳などの人骨を観察して指摘し、骨化のあとの赤色顔料の塗布は、殯儀礼終了後に行なわれたものと推測している[9]。このような例は筆者らの調査した千葉県市原市山王山古墳でもみられ、単なる肉眼観察ではなく、赤色顔料の付着した頭蓋骨片を化学的に分析した見城敏子氏は、朱と頭蓋骨の外板との間に皮膚がはさまっていた痕跡の全くないことを明らかにし、骨化したのちに塗朱したことを化学的に証明した[10]。

以上の諸例から死後遺骸は直ちに埋葬するのではなく、ある期間をおいてはじめて埋葬されたもののあることが知られるが、これらはいずれも古墳の埋葬施設の構造や遺体の埋葬状態から改葬を推測したもので、直接モガリの行なわれた場所を明らかにするものではない。かつて斎藤忠氏は「喪屋そのものの痕跡を、考古学の上から確認する段階に至っていない。将来古墳の付近などで簡単な施設の建物跡の存在がみとめられ、しかもそばで、火を焚いたとか、供養したとか、その他の儀礼的行為の痕跡が何等かの形で検出されたなら、あるいは喪屋の跡に推定することも可能……」であろうことを指摘された[11]。しかし最近になって、少しずつ喪屋の跡と推測できそうな遺構が検出されており、泉森皎氏が次の8例を紹介している[12]。いずれも古墳群内にみられる建物址である。

①島根県安来市西赤江町宮山の4基の古墳群内から検出された住居址。住居址は3号墳前方部北西隅部の下から検出され、5.4×5.6mの隅丸方形プランをもつ。中央部に炉跡をもち、柱穴は2.5m間隔で4本。土師器の鼓型器台（鍵尾Ⅱ～小谷式）が1点出土している。この住居址は出土土器から4世紀中葉のものと考えられ、北5mにある4号墳（四隅突出型方形墳）とほぼ同時期と推定される。

②福井市安保町の5基（前方後円墳2、円墳2、前方後方墳1）の古墳群の南端、4号墳と5号墳の中間に位置する住居址。5.06×5.5mの隅丸方

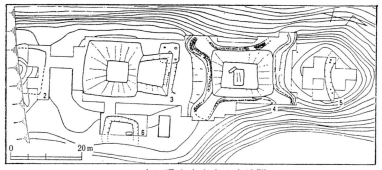
1　島根県安来市宮山古墳群

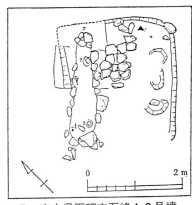
5　奈良県天理市石峰A2号墳

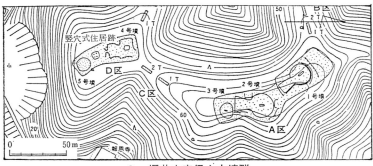
2　福井市安保山古墳群

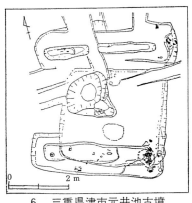
6　三重県津市元井池古墳

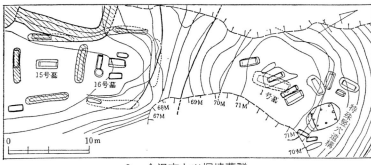
3　金沢市七ツ塚墳墓群

4　奈良県五条市近内古墳群西山支群

古墳群と推定喪屋遺構（註12）論文より

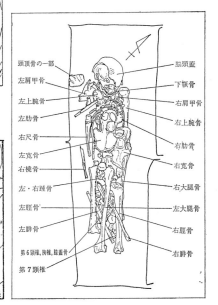

奈良県石光山22号墳埋葬施設3
改葬状態（註6）論文より

形のプランをもつ。柱穴は4本で炉跡は住居内にはみられないが，住居址と4号墳との中間や住居址の北側に焚き火跡が検出されている。床面から壺型土器，台付坩型土器，甕，鉢型土器などと鉄製品，砥石などが出土した。4号墳の前方部先端中央に住居址の方に通じる陸橋部が存在することから，4号墳と密接な関係をもつ住居址で，出土遺物から4世紀前半期のものと推定されている。

③金沢市吉原の七ツ塚とよばれる丘陵上の墳墓群の中に検出された竪穴住居状の一辺4mの方形遺構。床面に拳大の礫を平らに敷きつめている。石敷の四辺に8個の柱穴をもち石敷の上面は赤く焼け，灰や炭化物層を確認している。4世紀初頭ごろのものと推定されている。

④五条市近内古墳群西山支群4基の古墳遺構に近接して検出された一辺4.5mの隅丸方形の住居址。住居内および周辺からは炉址は確認されず遺物も出土しない。古墳遺構も住居址も中期～後期初頭のものといわれる。

⑤天理市石峰A2号墳の下層から検出された遺構。一辺2.4mの正方形に近い敷石遺構。遺構の上を砂質土で整地し，その上に配石を施した木棺がおかれた。埋土内から出土した須恵器から6世紀前半のものとされている。

⑥津市，元井池古墳（円墳）の主体部（木棺2基）の下層から検出された3.4×3.2mの方形竪穴遺構。北壁にカマドがあり，床面から土師器壺，甕などが出土。柱穴は検出されていない。6世紀前半のものという。

⑦奈良県広陵町新山古墳群黒石支群の14号墳（方墳）の下層から検出された遺構。一辺2.4×2.2mの竪穴状焼土遺構で，床面から須恵器の坏，坩，長頸壺，高坏と土師器の壺が各1点出土した。焼土の下から5本の柱穴が，遺構の周辺から焚火跡，カマドなどが検出されている。6世紀後半のものと推定される。

⑧竜野市揖西町長尾で調査されたタイ山群集墳（14基）の3号墳と10号墳の中間から発見された円形住居。5世紀末から6世紀前半頃のものとされる。

この8例を紹介された泉森氏は，これらを「喪屋」とはただちに断定できないとしながらもその可能性のきわめて強い遺構であることを強調している。従来古墳の調査を行なうに当ってその主体部に気をとられ，喪屋の存在に注意することが

少なかったために見逃されている遺構がかなり多いと思われる中で，この8例は貴重な事例である。しかし，喪屋と確定するためには喪屋の性格，モガリの儀礼の実態を明確にすることが必要であろう。モガリについては民俗学，文献史学，国文学の立場からかなり多くの研究がつまれてきたが，なお不明な部分が多い。8例の中には炉やカマドをもつ竪穴があるが，こうした竪穴は常時生活できる住居の場と考えることも出来，臨時性の強い喪屋と断定することは出来ないであろう。

この8例は畿内5，北陸2，山陰1と分布するが，改葬の確認できる古墳が多く知られる関東にも類似した遺構が認められる。1973年に菅谷浩之氏らによって調査された埼玉県大里郡岡部町大字普済寺の白山遺跡[18]はその好例であろう。24基の古墳跡（帆立貝式1基，他は円墳）が1～6mの間隔で隣接して分布するが，分布範囲のやや西よりに35×25mの古墳空白地があり，そのほぼ中央にカマドも炉ももたない竪穴1棟（3.5×3.3m）が検出された。竪穴から鬼高式の杯が検出され，周辺の古墳跡からも同時期の土師器が検出されていることから両者はほぼ同時期（6世紀代）のものとみられ，しかもカマドをもたないことから，この竪穴は一般の住居とは考えられず，古墳と密接な関係をもつ建物で喪屋の可能性も大きいといえよう。また筆者が今夏発掘調査した栃木県宇都宮市茂原町の大日塚古墳（全長36mの前方後方墳）でも，前方部の北西隅から4mほど離れた位置に五領期の土器を出土する竪穴が一部分検出された。古墳とほぼ同時期（4世紀後半）の遺構と思われる。

喪屋の遺構を検出するためにも，その性格や構造を伺うに足る文献史料がほしいところであるが，信ずるに足る記事はほとんどなく，よく知られているのは記紀の神話にみられる天若日子の喪屋である。還矢にあたって死んだ天若日子のため喪屋をつくるが，故人の友人阿遅志貴高日子根神が弔問にきたとき，天若日子の遺族が高日子根神が余りに故人とよく似ていたため，生き返ってきたととり違え，そのため自分を穢き死人と比べたと怒った高日子根神が十掬剣を抜いてその喪屋を切り伏せ，足で蹴とばすことが記されている。この話は，天皇の殯宮などは別にして，一般の喪屋がきわめて簡単な構造のものであったことを示唆している。また吉野裕子氏は死者を墳墓に葬った

あと，死者生前使用の茶碗を割る習俗は後世にもみられ，これは生と死を断絶させる儀礼であり，喪屋も死者を早く死者の国に送り出すためにモガリのあとすぐにとりこわすことが必要だったと説かれ，簡略な施設であったことを示唆されている[14]。

3 おわりに

仁徳紀にみられるように古墳の中には寿陵・寿墓として造られたものが少なくないであろう[15]。しかし，仁徳天皇の場合にも9ヵ月にわたる死葬期間が記されていることや，大化の喪葬令に際し「凡王以下及至庶民不レ得レ営レ殯」と王以下のモガリを禁じたことなどからみれば，古墳時代にあってはモガリはむしろ一般的な習俗であったと思われる。古代の喪葬儀礼が，①殯斂儀礼（死の直後から本葬まで），②葬送儀礼（墓所に送り埋納），③墓前儀礼（埋葬以後の墓前祭）の3段階にわたることはよく知られるところであり，本稿では①の段階に関する考古学的事実を列挙するにとどまった。10数万基を数える全国の古墳の中で，①の段階をうかがわせる考古資料はきわめてわずかである。しかし文献史料からモガリが古墳時代葬制の一般的習俗とみられるとすれば，今後の古墳とその周辺の調査によってモガリについて新たな知見を加えられることが期待できるのではなかろうか。

筆者はかつてわずかな考古学的知見をもとにしてモガリ儀礼の特質を論じ[16]，モガリの期間に，①死者反生の儀礼（歌舞など），②首長権の継承，③死霊鎮魂の儀礼（洗骨・塗朱など），④誄詞奏上，などの諸儀礼が行なわれ，この時期に新首長を中心にして同族的結合が強められたこと，横穴式石室採用前と採用後の段階とではモガリの内容にも変化があったことなどを述べた。モガリ儀礼の内容，変遷過程については，今後，発掘調査による研究と文献史料による研究とを総合して展開することでより明確になることであろう。

註
1) 実在を疑われる天皇についても殯の期間をおいていることから，書紀の記載をそのまま認めることはできないが，その記事からほぼどの天皇の場合にも死～葬にかなりの期間がおかれていることや，その期間に長短があったこと，埋葬の月がほとんど農閑期の9月～12月に集中していることなどが伺える。

〔死～葬期間一覧〕

諡号	崩年月	葬年月	殯(月)	諡号	崩年月	葬年月	殯(月)
神武	76・3	翌年・9	18	雄略	23・8	翌年・10	14
綏靖	33・5	翌年・10	17	清寧	5・1	同年・11	10
安寧	38・12	翌年・8	8	顕宗	3・4	次代1・10	18
懿徳	34・9	翌年・8	13	仁賢	11・8	同年・10	2
孝昭	83・8	次代38・8	456	武烈	8・2	次代2・10	22
孝安	102・1	同年・9	8	継体	25・2	同年・12	10
孝霊	76・2	次代6・9	79	安閑	2・12	同月カ	
孝元	57・9	次代5・2	53	宣化	4・10 2	同年・11	1 9
開化	60・4	同年・10	6	欽明	32・4	同年・9	5
崇神	68・12	翌年・10	10	敏達	14・8	次代4・4	56
垂仁	59・7	同年・12	5	用明	2・4	同年・7	3
景行	60・11	次代2・11	24	崇峻	5・11	即日	
成務	60・6	翌年・9	15	推古	36・3	同年・9	6
仲哀	9・2	次代2・11	33	舒明	13・10	翌年・12 皇極2・9 再改葬	14
神功皇后	69・4	同年・10	6	孝徳	5・10	同年・12	2
応神	41・2	記載なし	6	斉明	7・7	次代6・2	67
仁徳	87・1	同年・10	9	天智	10・12	殯の記事あり	
履中	6・3	同年・10	7	天武	朱鳥元・9	次代2・11	26
反正	5・1	次代5・11	70				
允恭	42・1	同年・10	9				
安康	3・8	3年の後	36				

2) 喜田貞吉「再び古墳墓の年代に就て―附棺槨の意義に就て」考古学雑誌，4―10，1914
喜田貞吉「古墳墓年代の研究（下の四）」歴史地理，25―5，1915
3) 福原潜二郎「小石棺に二軀の遺骸―洗骨の葬を立証すべき好資料」民族と歴史，4―1，1920
浅田芳朗「小さな石棺」ドルメン，3―5，1934
4) 国分直一「日本および南島における葬制上の諸問題」民族学研究，27―2，1963
斎藤忠「日本における再葬（洗骨葬）の展開」大正大学研究紀要，63，1977
5) 久保哲三「古代前期における二重葬制について」史観，75，1967
6) 島五郎「石光山古墳群の人骨」葛城石光山古墳群，1977
7) 楠元哲夫「改葬のこと」考古学と古代史，1982
8) 橋本博文「古墳時代における改葬について」常陸梶山古墳，1981
9) 小片保「縁山古墳人骨について」ひすい，57，1957
10) 見城敏子「人骨・朱の化学分析」上総山王山古墳，1980
11) 斎藤忠『日本古墳の研究』1966
12) 泉森皎「古墳と周辺施設―古墳の墓域と喪屋遺構について―」関西大学考古学研究室開設参拾周年記念考古学論叢，1983
13) 菅谷浩之氏の教示による
14) 吉野裕子「喪屋について―古代日本人の死の原理―」伝統と現代，12，1971
15) 茂木雅博「寿陵試論」古代学研究，91，1979
16) 註5)に同じ

隼人の墓

■ 上村俊雄
鹿児島大学助教授

　南九州の古墳文化は，北部・中部九州とはいちじるしく異なった独特の古墳文化を形成しており，その担い手は熊襲・隼人であった。ここでいう南九州は，鹿児島県を中心とし，宮崎県南部（一ツ瀬川以南）と熊本県南部（球磨川流域以南）を含めた地域である。

　記紀説話によれば，古代日本の西南地域（南九州地方）に熊襲・隼人と呼ばれた人々が居住していたと記録されている。従来　熊襲と隼人を同一民族とする見方と異民族とする見解が対立していた。

　古事記・日本書紀によれば，5世紀代を境目として熊襲と隼人のとりあつかい方が異なっている。5世紀以前は熊襲に関する記事が多く見られるのに対して，5世紀以後は熊襲に関する記事は見られなくなり，代って隼人に関する記事が急激に増加するようになる。

　熊襲と隼人の登場舞台は全く同一地域である。考古学上から見て，古墳時代の南九州に異質なものが出現するのは，5世紀代に入って畿内型高塚古墳とそれに伴う副葬品があるのみで，熊襲・隼人の葬制といわれているところの地下式横穴古墳，地下式板石積石室，立石土壙墓などの葬制に大きな変化は認められない。

1　地下式横穴古墳（以下「地下式横穴」と略す）

　地下式土壙・地下式古墳とも呼ばれている。一般的には，地表に目印となるような標識を伴わない。したがって道路工事・耕作などによる地盤の陥没によって偶然に発見されることが多い。地下式横穴は，宮崎県南部と鹿児島県大隅地方に分布しており，大淀川水系・川内川上流・肝属川水系の3地域がとくに分布が濃密である。諸県君や曽具主の勢力圏と重なっている。鹿児島湾に面する地域には全く認められない。地下式横穴はそれのみで数十基まとまって発見されることが多いが，日向・大隅地域では畿内型高塚古墳と地下式横穴が隣接して発見される例も見られる。

　地下式横穴文化と接触する地域（川内川上流＝鹿児島県大口市・菱刈町・栗野町・吉松町，宮崎県えびの市）では地下式板石積石室と共存して発見される例が多い。

　地下式横穴は，地表から2〜3m垂直に竪坑を掘り下げ，ついで横に向って水平に掘り広げて，羨道と玄室をつくる。竪坑の入り口には板状の石で蓋をするものと全く蓋のないものとがある。羨道入口は粘土塊・軽石塊などで閉塞している。竪坑に蓋石がある場合は，竪坑・羨道・玄室とも空洞であるが，蓋石がない場合は竪坑部分は土砂が充満し，羨道・玄室は空洞である。

　玄室の天井が妻入りで切妻・寄棟型のものは古く，平入りでアーチ型の天井部をもつものは新しい。大隅地方南部（志布志湾沿岸部）では妻入りで切妻・寄棟型の地下式横穴に軽石製の家形組合石棺を内蔵したものが見られる。日向地方中部（宮崎市・西都市周辺）では妻入屋根型有屍床タイプのものが見られ，地域によって差異が認められる。

　同一の地下式横穴文化圏内にありながら，大淀川水系・川内川上流・肝属川水系の地下式横穴が形態・規模などそれぞれ異なっているのは，隼人の中の種族の違い（日向隼人・大隅隼人など）を暗示しているようで興味深い。

　地下式横穴の起源については，日向地方・大隅地方ともに，5世紀代までさかのぼれることが確実になっている。下限は蕨手刀を副葬する地下式横穴（鹿児島県肝属郡高山町）があることから8世紀代まで下るものと考えられる。鹿屋市祓川の地下式横穴から，衝角付冑・横矧板鋲留式短甲・成川式土器などが出土しており，5世紀後半には大和朝廷の勢力がこの地に及んでいることがわかる。

　地下式横穴と畿内型高塚古墳の時期的な前後関係については今の所にわかに断定はしがたいが，地下式板石積石室よりは発生の時期はおそい。

　埋葬法は伸展葬が一般的である。大淀川下流域の地下式横穴には規模の大きいものがあって数体埋葬の例が多いが，肝属川流域のものは規模が小さく，1体埋葬の例が多い。

　今後の問題として近年，宮崎県内で円墳の下に地下式横穴の存在する例が十数例調査報告されており，志布志湾沿岸の古墳調査もその点に注意する必要がある。また大淀川上流（霧島山麓）の地下式横穴の中に彩色文様を

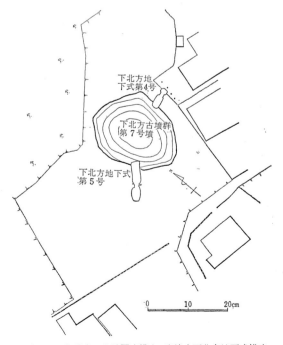

円墳と重なり合った地下式横穴　宮崎市下北方地下式横穴
（『宮崎市文化財調査報告書』第3集より）

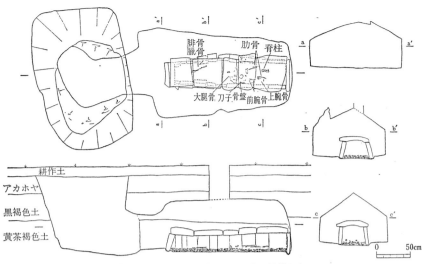

軽石製組合石棺を内蔵する地下式横穴　鹿児島県曽於郡有明町原田大塚
（『大隅地区埋蔵文化財分布調査概報』より）

もつもの（旭台・大萩・日守など）が発見され，北・中九州の装飾古墳との関係を検討する必要がある。

2 地下式板石積石室

地下式板石積石室は一般に，地表下1～2mの深さの所に数十cmの大きさの板石を数十枚積み重ねて石室を構築する。地下式横穴と同じように地表に標識がなく偶然の機会に発見されることが多かった。しかし，寺師見国などの調査報告例に，地表に小封土を有するものの存在を指摘したものがあり，円墳下の地下式横穴と類似するものとして注意を引いていた。昭和53年川内川中流域の鹿児島県薩摩郡鶴田町湯田原の円墳（口絵写真参照）を調査した結果，地表に円墳状の封土をもち，内部構造が板石積石室であり，しかも地表上に構築されているという予想外の成果が得られた。

同様の円墳状の墳丘をもつものとして，他に川内川河口の船間島古墳（川内市）があげられる。湯田原古墳は5世紀後半代に位置づけられ，畿内型の高塚古墳と隼人の葬制が融合したものとして注目される。

地下式板石積石室の分布は川内川流域が最も濃密で，鹿児島県川内市・宮之城町・鶴田町・薩摩町・大口市・菱刈町・栗野町・吉松町，宮崎県えびの市・高城町に分布している。ついで不知火海沿岸部に分布のまとまりがみられ，鹿児島県出水市・高尾野町・阿久根市，熊本県本渡市・松島町・水俣市・芦北町・田浦町・八代市に分布している。さらに人吉盆地に分布の中心がある。

以上の3地域で板石積石室文化圏としてまとまりながら，それぞれの地域間で若干の差異がみとめられる。地下式板石積石室は弥生時代の埋葬法に起源が求められる。長崎県北松浦郡宇久町松原遺跡，鹿児島県出水郡高尾野町堂前遺跡・出水郡長島町明神下岡遺跡など地下式板石積石室と葬制が類似しており，弥生時代中期までさかのぼることが確実である。

地下式板石積石室の内部構造は円形石室と長方形石室に大別できる。円形石室を有するものは内陸部に多く，長方形石室を有するものは沿海地域に多い。埋葬は石室の径の大きさから見て屈葬が主体であると考えられるが，数体の合葬例があり注意をひく。副葬品は武器類を主とし装身具類は少ない。

3 立石土壙墓

立石土壙墓は薩摩半島南端の指宿市・山川町・枕崎市などに分布している。

指宿郡山川町成川遺跡を例にとるならば，弥生時代中期から古墳時代後期にかけてのもので，古墳時代中期（5世紀代）が主体となっている。

立石は弥生時代中期からあり，高さ2～3m，幅数十cmの大きさのものが30基近くあり，依代的性格を備えていると思われる。立石の周囲に長楕円形を主とする数多くの土壙墓が検出されている。昭和32・33・56年度調査され，500体近くの人骨を検出し，数百点の土器と300点近くの鉄製品を伴出している。鉄製品は鉄剣・鉄刀・鉄鏃など武器類が主体である。鉄製品は特定の個人の所有物として副葬されたものは少なく，墓地を営んだ集団の階層分化が進んでいないことをものがたっている。

また，刀・剣・鏃などが墓の上におかれたり，地表につきたてられていたと考えられる例が多い。地下式板石積石室・地下式横穴などでも同様な状況が見られるものがあり興味深い。装身具類は皆無である。

男は西頭位，伸展葬が多く，女は東頭位，屈葬が多い。成川人骨はいちじるしい短頭で，現在のサツマ人によく似ているという。恐らく阿多隼人の墓制と推定される。

以上，隼人の墓といわれるところの代表的なものをとりあげてみた。畿内型高塚古墳，箱式石棺，横穴との関係も触れてみたかったが，紙数の関係で割愛せざるを得なかった。

参考文献

『成川遺跡』埋蔵文化財発掘調査報告7，文化庁・吉川弘文館，1973

『成川遺跡』鹿児島県埋蔵文化財発掘調査報告書(24)，鹿児島県教育委員会，1983

田中　茂「えびの市小木原地下式横穴3号出土品について―地下式横穴と墳丘―」宮崎県総合博物館研究紀要，2，1974

『下北方地下式横穴第5号』宮崎市文化財調査報告書3，宮崎市教育委員会，1977

『大隅地区埋蔵文化財分布調査概報』鹿児島県埋蔵文化財報告書13，鹿児島県教育委員会，1980

えぞ族長の墓

■ 伊藤玄三
法政大学教授

1 「えぞ」の住地と墓

一般的に「えぞ」・「蝦夷」と称された人たちの住地は，古代史上では主として東北地方ということになろう。近世に入れば，蝦夷地は北海道を指すことになるが，その場合の蝦夷の観念とは異なっている。ただ，7世紀における阿部比羅夫の遠征に関わって史料に見られる渡島蝦夷や，北海道の地名と結びつくと考えられる固有名詞の存在は，北海道西南部地域においても当時の中央政権と交流をもつものがあったことを推測させるものがあり，事実，石狩低地帯における土師器の存在や墳丘を有する墳墓の造営はその証跡の一端を示すものであろうと思われる。

そうみれば，7世紀中葉以降積極化する国家政策と関わって登場してくる「えぞ」の領域は，東北から北海道に及ぶ広範なものとなるが，そのうちでも中央政権が最も征服に意を用い，意識の対象とした「えぞ」は東北中・北部にかけての地域に居住した人々であったと見ることができる。この地域は，律令的支配と接する地域であり，実は部分的にはより南の文化を受容していたようであるが，なお伝統的・在地的文化基盤を有し，律令的支配の下に入ってはいなかった。それ故に律令政府によって対立するものと把えられ，征服すべき対象として意識されることになったのである。もちろん，えぞの中にも俘囚と称された者の如く，出自において蝦夷であっても令制下に組み入れられたものもあるので，一律に単純化はできない内容をもつが，広くこの地域の従来からの住民であり，在来文化を担っていた人々である点での共通性は認められたとみられよう。

さて，これらの通称「えぞ」は，正確には「えみし」と呼ぶべきであったといわれるが，その文化段階は文献史料にみられるところでは未開野蛮な人々であったとされる。しかし，この蝦夷社会にも階級性があり，族長制的なものを把握できるとされたのは高橋富雄博士であった[1]。確かに，文献に知られる蝦夷の名には地域の呼称を負うたものなどがあり，地域的有力者の存在を知ることができる。そのような有力族長と思われるものが如何なる実体をもつものであるかを推測せしめる一資料として，私たちはこの地域の墳墓を知ることができる。

2 墳墓の様相

墳墓の構造 蝦夷の墳墓として良くあげられる例に岩手県和賀郡の猫谷地古墳がある[2]。この例では，内部構造は河原石を小口積にした石室であり，その形は細長い長方形の内部に遺骸を納めたもので，単葬墓である。形状の上では竪穴式的にも見えるが，短辺の一方の外側に

広がりある入口様石積がある例があって，基本的には横穴式石室の形制を継承するものであろうと考えられている。しかし，埋納に際しては，石室内部が狭いこともあって，上部から納めるなどの方法をとらざるを得ないものであり，いわばかなり変化した形の石室とでもいうべきものである。石室底面には小砂利も敷いている場合もあるが，しばしば認められるのは仕切り石のように3個所ほどに長目の石を配しておくことである。細部に区切る必要があったとも思えないが，あるいは棺台の如きものであろうか。石室構造上では，短辺側には良く大形の立石を置き，長辺側にも2～3個所に立石を配してその間を小口積にしている。天井には大形の長い河原石を横架している。この石室は河原石積である点で，後詰の石積も多量に使われ，時には積石塚風の遺存を示す場合もあるが，基本的には石室積石である。

この河原石積石室を被覆して墳丘の積土があるわけであるが，その墳丘直径は10m前後が通例である。高さも1.5m前後ぐらいかと思われるが，かなり積土が失われている場合が多く，原形が知りにくい。

この墳墓においては，近隣の五条丸古墳群の調査例[3]で明確に円形の周堀が検出されており，円墳が認められることが知られている。ただこの五条丸古墳群の場合でも明らかなように，石室入口と考えられる南辺で周堀が切れて外部と墳丘がつながっている例があり，必ずしも周堀が一周するものでないことが知られた。この種の例が一般的であるか否かは問題であろうが，堀の調査も意図すべきことを教えられるところである。

ところで，このように五条丸古墳群例の如き円墳のみがこの地域の墳墓であるかというと，水沢市見分森古墳の如き方墳も存在している。厳密に検討を要するであろうが，両種の形のあることだけは注意しておくべきであろう。

出土品 これらの墳墓から出土する遺物には鉄刀（直刀・蕨手刀）・鉄刀子・玉類（勾玉・切子玉・ガラス小玉・土玉）・鉄鏃などが良く見られ，そのほかに農具（鋤先・鎌）・紡錘車・工具（斧・鉇）・馬具・土師器などが知られる。五条丸古墳群約60基の調査例では，ガラス小玉出土例が15基であり，刀子例が13基と多く，直刀例は9基であった。鉄鏃出土例も9基である。墳墓の多くは底面しか遺存していないものであったが，調査例数との対比で知られる出土例数のあり方は興味がもたれるものがあり，墳墓個々の例では副葬品の有無や多寡の問題が知られるところである。中には馬具出土例が2例あり，轡以外に帯金具も存在し，鞍もあったことは明らかである。また，1基の墳墓では胡録の金銅製金具が出土しており，鉄鏃のみが出土する例が多い中で注目すべきものであった。

これらの副葬品の種類でみれば，後期古墳の素朴な内容と通じるものがあるが，概して簡素なものといえよう。これらの出土品のほとんどは石室内から発見されているが，時には石積内などに見られる場合もある。

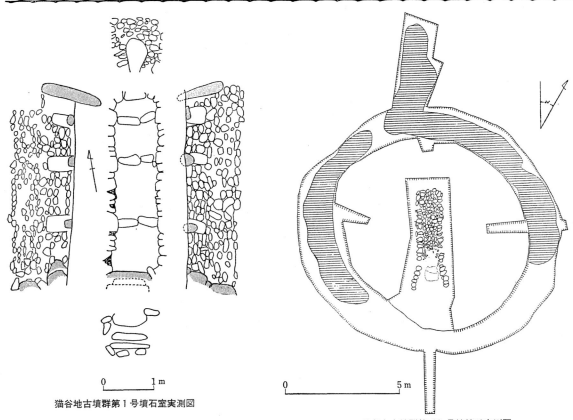

猫谷地古墳群第1号墳石室実測図

五条丸古墳群第66号墳墳丘実測図

いま五条丸古墳群例で出土品を述べたが，この種の墳墓である岩手県熊堂古墳例[4]では銙帯金具や和同開珎を伴出する例があり，次に述べる如く年代・性格を考える点で重要な資料がある。

3 年代と被葬者の性格

以上見てきたところが墳墓の様相であるが，その出土品の中にすでに筆者も指摘した如く，8世紀の年代を考定することのできる銙帯金具や和同開珎を伴うものがあり，これらの墳墓の年代の中心は8世紀にあるだろうと推測できる[5]。しかも，それらの資料——とくに銙帯金具の場合には令制下の衣服令の規定に基づくものであり，おそらく下位位階者の朝服に附随するものであろうと考えられる。あえてその相当位階を対比することを試みれば，金具の大きさの点では岩手県西根縦街道例は正七位下，熊堂例は従八位下などとなり，文献上でも知られる叙位の場合と同様である[6]。

このように見てくると，この地域の8世紀代墳墓の被葬者の中に下級の有位階者さえも幾人かたどることができそうである。そして，このような律令制的文物の伝播は，実は墳墓副葬品の中に広く認められるのではないかと思う。その伝播の背景には律令政府と蝦夷との交流があり，断片的な文献資料に知られる蝦夷の帰服や饗応の記事の実体がここに具体化されているのではないかと思われる。しかし，このような交流関係はあっても，それが直接政治的版図にくみこまれることを意味せず，周辺異民族の処遇に当るものであり，後には令制内化の意図の下で征服さるべき対象となったのである。

いまみてきたように，8世紀代を中心とする東北の墳墓被葬者の中には蝦夷族長，しかも中央政府とも関連した有位者も含まれていることが知られた。その墓はいわば伝統的な横穴式石室系のものであり，畿内方面などの墳墓とも異なるものがあった。当然埋葬に関わる葬送儀礼においても伝統的な方式がとられていたものと思われ，そのような在地文化のあり方が「蝦夷」と認識された文化的背景ではなかったかと考えられるのである。

註
1) 高橋富雄『蝦夷』1963
2) 滝口 宏ほか「岩手県江釣子村猫谷地古墳群調査報告」岩手史学研究，9，岩手史学会，1951
3) 岩手県教育委員会『五条丸古墳群』岩手県文化財調査報告 11，1963
4) 小笠原迷宮「和同銭を出した陸中国熊堂の古墳群」考古学雑誌，14—7，1924
5) 伊藤玄三「末期古墳の年代について」古代学，14—3・4，1968
6) 伊藤玄三「八世紀の銙帯に示される授位」法政史学，36，1984

買地券の世界

■ 間壁葭子
倉敷考古館

1 買地券の発見例

「買地券」といえば，元来は土地売買の契約証文であるが，一般には死者のため墓地を買得した旨を記した，石・陶質・鉄・鉛などの板状品が墓地から発見されるものを指して「買地券」と呼んでいる。

この買地券を墓地に埋納する習俗は，中国では漢代に始まり清代にいたっても続いているが，この墓地売買が実質的なものでなく，道教思想を基盤にした民間信仰に由来する仮空の売買であることも，またよく知られるところであろう[1]。

多くの文物や思想を中国や朝鮮に学んだわが古代社会だが，この墓地に買地券を埋納する習俗の伝来は，近年まで認められていなかった。しかし 1978 年，太宰府市宮ノ本で火葬墓に伴って，鉛板に墨書された買地券が発見され[2]，これを契機に，江戸時代に出土したとして伝えられていた岡山県真備町尾崎の 2 枚の埴製買地券も一般に再評価されることになった[3]。だが現在でも，明瞭に買地券だといえるわが国の事例はこの 2 点に過ぎない。

とはいえ，つい近年まで，わが国では全く注目されていなかった買地券の出現は，仏教導入のような顕著な形態ではないながら，わが国の古代社会の中で，道教的思想の占める部分について，考古学上の資料からも改めて注目をうながすものとなったのである。

ところで，わが国の買地券は，墓中に不朽の材質の墓地買得証文を埋置する事では，確かに中国の例と軌を一にしている。しかし，2 例の文面を見ると，中国の買地券の書式や内容と必ずしも同軌とはいえない。一応 2 例の内容を示すと下記の通りである。

○尾崎例（2 面の内の一方（A）と呼ぶものによる）

「備中国 下道郡 八田郷戸主矢田部石安」□百髪部毗□□氏賣之墓地以」天平寶字七年々次癸卯十月十六日八田郷」長矢田部益足之買地券文」 （」は改行文）

○宮ノ本例

「□ …………□」□□戊□死去為其墜男好雄□緣之地自宅□□方有」其他之寂静四方□□□可故買給方丈地其直銭貳拾」伍文墾一口絹伍尺調布伍□白綿一目此吉地給故霊平」安静墜子々孫々□□□全冠□禄不絶令有□七琜」…………□白」

尾崎例は天平宝字 7 年（763）の年号を示し，宮ノ本例も，遺跡や内容から 8 世紀後半から 9 世紀中頃の時代が与えられている[4]。これに近い時期の中国の例と比較して見ると[5]，尾崎の例は，「墓地」とか「買地券文」の文字はあっても，これでも同じ買地券かと思われるほど簡略化されている。ただ尾崎例の場合は，同形同文のもの

が 2 枚存在した（同文だが改行部分は 2 面で異なる）。奈良時代，実際の土地売買の場合，やはり「買地立券文」が複数製作されて，関係者間で保管されている[6]。尾崎の買地券が 2 枚土中にあったことは，現実の地券に習って複数の買地券を作成したが，地券を保管すべき関係者の双方，つまりは売主と買主ともが，土中にあると考えていたことを示すものでもあろう。このように土神とか先埋葬者を意識する点は，中国の買地券に通ずるところである。

宮ノ本例は材質をはじめ，全体として中国の買地券と似た傾向の文面といえるが，買得の値が中国の場合のような幾万・幾千とか，9 字を羅列したような仮空なものでなく，むしろ実質的な値を示したものに思われる[7]。しかも売主や証人として，冥界の神や神仙の名前も残存した部分には見られない。また末尾の文字が「……白」となる買地券は，中国には知られない書式である。この点は，むしろわが国で，奈良時代から文書形式のものに「……謹白」なども見られ[8]，平安期の初頭にも「……啓白」とあり[9]，平安後半期ともなると，著名な藤原道長の銅経筒の願文（寛弘 4 年＝1007）末尾に「啓白」とあるように，願文など末尾に啓白，敬白は大変普遍的な文言として現われている[10]。

このように，わが国の買地券は，行為としては中国の民間信仰的でありながら，一方内容や書式では，当時のわが国の状況に強く支配されており，中国の買地券そのままの踏襲ではない。

宮ノ本買地券に先だって，わが国でも大変注目を集めた百済の武寧王陵出土の墓誌の場合，妃の墓誌石の裏が買地券になっていたことは有名である[11]。しかしこの場合も，中国の買地券に似た書式でありながら，末尾の文言が「不従律令」となっていた。中国のものは道教の呪言ともいえる「急々如律令」と書かれるものがかなりあるが，王妃のものは似た表現ながら，なお現実的に意味のあるその墓地が「律令にも従わない土地」という事を明確化していることになる。このように，中国縁辺の国国では，「買地券」の習俗を採用する場合も，それぞれの地域社会の状勢の中に生かされた形になっているといえるだろう。

2 墓誌と買地券

そこで，従来は墓誌の中では特異なものと考えられている宇治宿弥の墓誌で，

「…□前誓願物部神…」…八継孫宇治宿弥…」…大平子孫安坐…」…雲二年十二月…」とあるものなども，「誓願」とか「安坐」の文言が造像記などに見られることは，以前から指摘されている[12]が，わが国の買地券の書式にはかなりな差があるものとすると，これも買地券の可能性も考えられる。とくに宮ノ本の，「安静墜子々孫々…」と，宇治宿弥の「…大平子孫安坐…」など極めて似ている点も注目される。

また，岡山県尾崎例のごく近くで出土した可能性が強い短冊形の塼製品に，「矢田部首人足」宝亀七年定」と

岡山県尾崎出土買地券 (A)
長さ41.8cm, 幅19.5cm
厚さ約2cm

だけ刻字されたものもあり，これなども買地券的性格も考えられる遺物[13]なのである。

以上のような遺物の状況を見ていると，当然問題となるのは，奈良時代主として後半から平安時代前・中期頃の墳墓に，鉄・石あるいは埴質の板状品を，1～2枚伴出した事例である。管見に上るだけでもすでに14例に達し，とくに鉄板が多い[14]。わが国発見の墓誌が，先の宇治宿弥の例を加えても，明確なものは18例[15]ばかりに過ぎないことから，この墓に伴出する板状品は，文字の有無が現状では不明ながら，看過できない資料であろう。すべてを買地券とは固定できないまでも，出土状況の判明しているものは買地券であっても不思議はない。また，たとえ墓誌であったとしても，むしろわが国では墓誌と買地券の性格は大変似ており，ただ使用した階層の違いが，両者を分ったようにも思われるのである。この点に関しては，すでに愚見を述べたことでもある[16]。

こうした墳墓に伴う遺物の存在から，わが国にも，奈良から平安期にかけて，道教的思想に基づく習俗が民間にかなり拡がっていたことは窺えるが，同時にそれは，中国の民間信仰の形態がそのままの形で受け入れられていたのでなく，すでに土着化し消化されていた面も強かったことを示していた。

このように，当時，直接的に道教思想が伝来したとも思われない状況でありながら，わが国においては，似た性格である墓誌や買地券が，奈良時代から平安中期頃までに集中して出現しているのはなぜであろうか。むしろこの点に問題があると思われる。

とくに買地券の場合は，当時の社会体制の中では，身分的には庶民層でありながら，律令体制弛緩の中で抬頭して来る豪家層が自己の墓地を主張し，祖先を顕現することになお一定の意味を有していたことを示しているようにも思われるのである。注目される墳墓群の中の1基に，先に述べた不明板状品を伴っていた例も多く[17]，これなどは，伝統的な著名な墓地の一角を実質的に買得した証明だったのかも知れない。この時期には，また古墳を再度利用して墳墓にしている例も多い[18]のである。これらは，互いに相通ずる背景を持つように思われた。

こうした動きから見て，「買地券」や，それらしいものの出現は，当時の社会で単に道教的な民間信仰の流布を示すに止まらず，民衆レベルでの社会的変化を具体的に示す遺物として注目されるのである。

註
1) 原田正己「民俗資料としての墓券」フィロソフィア，45，1963，同「墓券文に見られる冥界の神とその祭祀」東方宗教，29，1967，などを参照
2) 山本信夫・高倉洋彰ほか『宮ノ本遺跡』古都大宰府を守る会，1980
3) 岸　俊男「『矢田部益足買地券』考釈」倉敷考古館研究集報，15，1980。同書は尾崎の買地券を特集的に紹介している。
4) 註1) に同じ
5) 例えば，『文物』1965年8期に報ぜられている「武周延載伍松超地券」は延載元年 (694) で，次のような内容である。
「維大周延載元年八月壬子朔九日庚申潤州丹徒県豊樂郷豊楽里居住新安坊故人伍松超身謝天地今葬宅心郷堺□」西丙向地下先人萬里図老左右丞墓伯土下二千石□□」□武夷王買此塚地縱廣五十畝於中掘土葬埋松超尸」□□錢万万九千百九十五錢即日使了皆医語人立契」困得使左右侵犯分堺時□任見丙送張堅固李定度」醋洒□□入伴共為界荊」
6) 例えば，尾崎例に近い地域と時期の例として，「備前国津高郷陸田券」竹内理三ほか編『寧楽遺文』中巻，東京堂によると「……仍造券文二通　一通進郡一通授買得寺」宝亀七年十二月十一日税長書直麻呂……」とある。
7) 竹内理三編『平安遺文』1巻，東京堂，で銭による土地売買の例を見ると，例えば90の嘉祥2年 (849) では，245歩が承和銭800文であり，176の仁和3年 (887) では2段210歩が貞観銭5貫文などで，宮ノ本買地券の値は，これと比較しても妥当な値と思われる。
8) 竹内理三ほか編『寧楽遺文』下巻の人々啓状の宝亀2年 (771) などに見られる。
9) 註8) の101の仁寿2年 (852) などにもあり。
10) 関　秀夫「経塚遺物の紀年銘文集成」東京国立博物館紀要，15，1980
11) 金廷鶴編『韓国の考古学』河出書房新社，1972，金元龍『武寧王陵』1979　など
12) 梅原末治『日本考古学論攷』弘文堂，1940
13) 間壁葭子「『矢田部首人足』刻字塼」倉敷考古館研究集報，15，1980
14) 註13) を参照。その後新たに高槻市岡本山古墳群や，奈良市高安古墳群でも鉄板が発見されている。
15) 奈良国立文化財研究所飛鳥資料館編『日本古代の墓誌』1979
16) 間壁忠彦・間壁葭子「『矢田部益足之買地券文』の検討」倉敷考古館研究集報，15，1980
17) 註14) で示した事例中，出土状況の判明するものでは半数は墳墓群である。
18) 間壁葭子「八・九世紀の古墳再利用について」『日本宗教社会史論叢』国書刊行会，1982

禅僧の墓

■ 中川成夫
立教大学教授

1 はじめに

　私が禅僧の墓にはじめて関心をもったのは，昭和33年夏に，新潟県教育委員会の依頼で，同県北蒲原郡笹神村出湯の曹洞宗華報寺旧境内にある，中世墓址群の調査を行なった時にはじまる。周知のように，中世の開山級の禅僧の墓塔の多くは，現在も信仰の対象となっていたり，また，文化財に指定されていたりして，その発掘調査例はきわめて乏しい。

　したがって偶然によるか，あるいは解体修理の折に内部構造が調査された場合を除き，データは乏しいので，私の管見にのぼった中世例を2，3あげることでお許しいただきたい。

2 文献よりみた墓制

　寛保元年(1741)，釈道忠によって編纂された『禅林象器箋』には，禅僧の墓として，第1に卵塔＝無縫塔をあげている。これらは現在も墓地に僧侶の墓として見られ，後に他宗派にも広く用いられたと考えられる。

　その内部がどのようであったかは，例えば『鎌倉市史』第3巻所収の「建長寺文書」の中の「開山大覚禅師石卵中銅製霊骨器銘之写」によれば，寛元4年(1246)に来朝し，弘安元年(1278)に示寂した蘭渓道隆は，その翌年に無縫塔が造立され，遺骨は銀製骨蔵器に収められ，その内部に安置されたことがわかる。さらに恐らくこの塔を覆うて西来庵という塔所が建立され，そこには守塔比丘＝塔頭がおかれたものであろう。

　次に同書では，普同塔＝普通塔＝海会塔という埋葬形式についてのべている。この形式は，師僧が衆僧と離れず一所に葬る一種の合葬，追葬の形式で，弟子も師僧の傍に葬られることを願い，名誉としたものと思われる。

　普同塔と呼ばれる近世のものが，長崎市の崇福寺に現存することが知られているが，その地下，内部構造については詳細は不明である。

　以上のことから，中世においては，このような墓塔は，恐らく昭堂とよばれる建物の中に収められ，庵名がつけられ，その中には頂相，絵像などが祀られたものと考えられる。これらが後に開山堂などと呼ばれた場合もあったと推測される。

3 中世禅僧墓の調査例

　現在，全国には数万の禅宗寺院があり，その境内にはさらに多くの禅僧の墓塔があるはずである。しかし，それらの中で考古学的調査によって被葬者，内部構造が確かめられた例は意外に少ない。これは前述したように信仰，あるいは祭祀の対象となっていることもその理由の一つである。また，近世以降，骨蔵器の出土例は決して少なくないが，銘文を伴い，文献と対比し，被葬者が確定できる禅僧の例は必ずしも多くない。中世に限って挙げると，京都市東福寺竜吟庵の大明国師塔，同じく嵯峨慈済院の常光国師塔，群馬県世良田長楽寺の法照禅師塔，新潟県笹神村華報寺の伝高阿弥陀仏廟などをあげることができる。

　以下，その二，三を例示し，責をふさぐこととする。

（1）華報寺旧境内伝高阿弥陀仏廟

　方2間の基壇の中央地下に石櫃に納められた青銅製蔵

新潟県華報寺出土骨蔵器

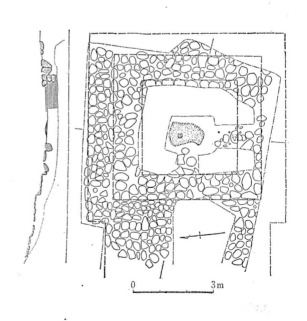

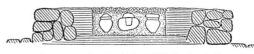

伝高阿廟址実測図（上）と埋葬復元図（下）
（『越後華報寺中世墓址群の調査』より）

月船和尚墓櫃

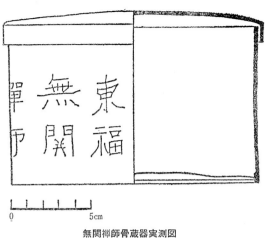

無関禅師骨蔵器実測図
(『仏教芸術』49 より)

骨器が埋納されており，その徳治3年（1308）の銘文には，「……右依遺言舎利二分一分奉先師和尚塔一分悲母高阿廟……」とみえ，素喆和尚の分骨を母の廟に収めたものと推定される。遺構からみて，上には恐らく宝形造の建物があったものと思われる[1]。

（2）法照禅師塔所普光庵跡

昭和12年に発見され，後に故尾崎喜左雄博士によって，普光庵に設けられた普同塔と確認されたものである。方11尺の基壇の地下から「月船」の銘のある石櫃の中に瀬戸四耳壺の骨壺が収められ，さらにその西側に6個の骨壺が出土した。尾崎博士は「禅刹住持籍」その他の文献の精密な考証によって長楽寺5世，東福寺8世で，延慶元年（1308）に示寂した法照禅師月船琛海とその6人の遺弟の普同塔であり，その塔所は普光庵であることを明らかにされた。恐らく上壇の上に普光庵があり，その地下に遺骨が埋納されたと推定される[2]。

（3）大明国師塔所竜吟庵

昭和36年，解体修理に伴って石櫃が発見され，次いで景山春樹博士らによって発掘調査が行なわれ，石櫃に納められた鋳銅製円型合子の骨蔵器銘文より，正応4年（1291）に示寂した東福寺3世無関普門の遺骨であり，『東福寺誌』によれば，当初，禅師の退住した竜吟庵の東北に埋納し塔所を営み，やがて石製卵塔が建ち，木像が完成し，昭堂が完成したものと思われる。この石塔は寛政2年（1790）に現竜吟庵方丈背後に移建されたが，その際に旧地より分骨用の追納骨壺も発見されたらしい。したがってこれも普同塔とみてよいと考えられる。

（1）にのべた華報寺はかつて無関普門が約10年間滞在した寺である。普門の示寂数年へて示寂した素喆和尚の分骨もあるいはここに追納されたかも知れない[3]。

以上，先学の業績によって，中世に限っての禅僧の墓の調査例をのべた。禅僧墓制の研究を思いついて以来20数年の歳月がすぎた。生来の不勉強でその後遅々として進まない。石塔の中には追善，逆修，供養のものもあり，墓塔と確定できる遺構は必ずしも多くない。今あげた3例からみたかぎり，少なくとも中世の禅僧は無縫塔が基本であり，その葬制は普同塔形式であり，それに昭堂，覆屋，あるいは，塔所をもつものが基本であったと思われるのである。

さて，私は乏しい知見による古い例の調査データを基にして研究例を紹介したが，今後，いわば中・近世考古学，あるいは宗教考古学の立場からどのように研究をすすめて行くべきかについて愚見をつけ加えたい。第1には寺域内，あるいは集団墓地の悉皆調査である。前者については高野山奥之院で行なわれ，後者については故坪井良平先生の山城木津惣墓の例があり，私たちも近世の例ではあるが，かつて岩手県平泉毛越寺，東京都台東区東渕寺などで行なってきた。こういうデータが全国的に集成され，位置，形式などを分類・編年することによって，文献，とくに過去帳などとの対比によって禅僧の埋葬形式を近世から遡って明らかにすることも可能ではないかと考える。しかし，現在は諸般の事情から過去帳の閲覧はむつかしくなってきていることを付言する。

墓塔＝埋葬形式の明らかにすることは日本人の精神生活の変遷を追求する基本的方法の一つであり，その進展を願ってやまない。

註

1) 中川成夫・岡本　勇『越後華報寺中世墓址群の調査―中世禅僧墓制の考古学的研究（Ⅰ）―』立教大学史学研究室，1959

2) 尾崎喜左雄「法照禅師月船琛海塔所普光庵跡」『日本歴史考古学論叢』1966

3) 景山春樹「無関禅師骨蔵器―中世火葬墓と近世改葬墓の一例―」仏教芸術，49，1961

●最近の発掘から

飛鳥の終末期古墳──奈良県高取町束明神(つかみょうじん)古墳

河上 邦彦　奈良県立橿原考古学研究所

1　調査のいきさつ

　古代の飛鳥は現行政区域の明日香村だけでなく，その一部は近隣市町村にまで及んだ地域である。なかでも明日香村の西南，高取町はその町域の約半分が飛鳥の地域に属しているものの行政区域が異なるためあまり注目されていなかった。しかしこの地域にも若干の飛鳥時代の遺跡・遺物が残されている。

　高取町内でこれまでに終末期古墳は2基確認されていた。その一つは松山古墳で，明治32年頃開墾中突然石室と遺物が発見された。遺物だけは東京国立博物館に現存しているものの，遺構について詳しい内容が不明であったので，数年前測量調査を実施した。その結果，尾根腹部の掘り込みは今も明瞭に残っているものの，墳丘はわずかに平坦地としてその痕跡があるだけであった。

　もう1基の古墳は佐田地区の春日神社境内に所在する束明神古墳で，数年前筆者が外形測量を実施し，終末期古墳の可能性が大きい古墳として取り上げていたものである。この古墳も中央に大きな盗掘孔があるなど，保存状況は良くなかった。これら2基の古墳は明日香村の古墳のように注目されず放置されたままになっていたので，上述したように測量や踏査などの調査をおこない，発掘調査についても考慮していたが，幸い「由良大和古代文化研究協会」から「高取町に於る二つの終末期古墳の研究」ということで研究助成を受けることができた。

　とりあえず今年度は墳丘の残りが少しは良好であった束明神古墳を調査対象とし，4月16日から2カ月間調査を実施した。調査以前の予測では石材の大半が持ち出されているので石室は残存していないと推定していたが，次に述べるような大規模な石槨があり，予想外の成果があった。

2　位置および外形

　古墳は奈良盆地の南端，当時の都であった飛鳥・藤原京の南から南西一帯の低い丘陵地帯の一角，真弓岡と呼ばれる丘陵の東南部に位置する。

　起伏する丘陵の一尾根頂部より東南方向に派生する支尾根の南斜面には，幅70m，高さ最高約10mにわたって弧状に掘削して，径約60mの円形の平坦地を造成している。古墳はこの平坦面の中央にある。墳丘は現状で直径約18m，高さ約3.5mで，中央には南北に長く大

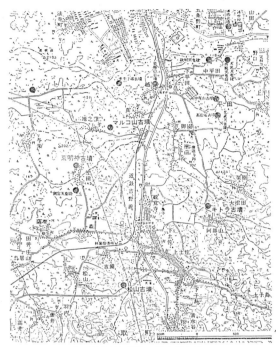

束明神古墳と周辺の終末期古墳

きな盗掘孔がある。さらに墳丘の西側は神社の拝殿のために一部削平されているように見える。

　墳丘築造には直径約20mの範囲に地山を50～100cm掘り込み，基礎地業を行なった可能性がある。石槨の構築は墳丘を築くのと併行して作業が進められたと考えられ，墳丘は版築技法によって築造されている。なお石槨の南側で幅約170cm，深さ約100cmの墓道を確認したが，今回は詳しく調査しなかった。墳丘裾部では約10cm大の花崗岩の集積があり，墳丘には葺石が施されていたことが判明したが，自然流失や人為的に持ち去られたりしており，具体的な葺石の状況については確定できなかった。ただ葺石の集積状況から，墳形は円形と考えられたが，多角形になる可能性をも考慮する余地がある。墳丘の規模は直径18mであるが，さらにその外側に，中尾山古墳（明日香村）のように列石だけで区画した施設の可能性もあり，そうすると直径約30mにもなると考えられる。

79

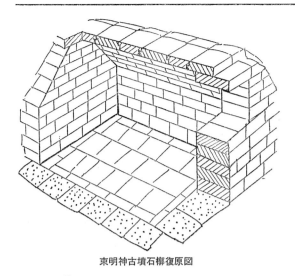
束明神古墳石槨復原図

3 石　槨

　埋葬施設はほぼ南に開口する横口式石槨である。現状では天井部分と南側壁および入口の部分などが失なわれている。これは過去3回にわたる盗掘によるものである。最も早い盗掘は中世以前であり，石室の西南の隅角上方より壁面および入口を破壊して内部に侵入している。次に中世においては天井部を破壊し，また近世には天井部の石材を搬出していた。
　石槨の平面形は長方形で長さ312 cm，幅206 cm，横断面は家形を呈す。つまり東西両壁は上部が内面に向って傾斜を持つ。奥壁と入口が付く南壁はほぼ垂直である。石槨を構成する石材は高さ20数cm，幅50 cm前後，奥行50 cm前後の凝灰岩の切石で，これを整然と積みあげている。石材の高さは23 cmと26.5 cmで，各段ともそろえているので水平に目地が通る。しかし幅は石の個体差が大きく，また隅角部分ではL字状に切り込んではめ込んでいるので，垂直の目地に規則性はない。現状で東壁7段，西壁8段，南壁3段（袖石部9段），北壁8段が残っている。東西壁は下5段までが垂直で，6段目から約60度で傾斜部になる。
　床部分は同様の石を二重に敷き並べたもので，その上部に壁面を構成する石を積んでいる。この部分は床内面部分より約2 cm削って段が付けられている。天井傾斜部分は壁面を構成する石と，その後の控え石との二石からなり，控え石は下の控え石と壁面石に架るように置かれ，この重量で下の壁面石が落下するのを防いでいる。また控え石は隣接する控え石とL字状に組み合わせている部分があり，控え石を相互に持たせ合わせていることがわかる。
　なお外面は不明であるが，南端で部分的に屋根形にカットしている石材があり，内部同様外面も家形をしていた可能性がある。壁面では漆喰が塗布された形跡は全く認められなかったが，床面には約1 cmの厚さで残っていた。なお入口部分は南壁の傾斜部分に100 cm四方の穴があったと推定されるが，閉塞施設については全く失われていて閉塞方法はわからない。天井部までの高さは控え石の残存状況から傾斜部分も5段と考えられ，高さは約250 cmと思われる。

4 遺　物

　石槨の内からは度重なる盗掘によって副葬品は一切検出されなかった。ただ漆塗木棺の表面に塗られていたと思われる多数の漆膜片と，木棺に使用されていたと思われる鉄釘約50本，および棺の飾り金具と思われる金銅製円形金具1点があった。これにより，高松塚古墳に似た棺の存在が考えられた。また石槨内からは被葬者の歯牙（上顎側切歯・犬歯・下顎中切歯など）6点が攪乱を受けて散乱していた。なお墳丘の周辺からは須恵器や土師器の破片が出土している。

5 まとめ

　束明神古墳の調査はまだ完全に終ったわけではない。今後に予定している二次調査の結果をまたなければ一応の結論を述べることができない。そこでここでは束明神古墳の被葬者についての予測を簡単に記しておきたい。
　高松塚古墳の発掘調査は後期古墳研究のなかから終末期古墳研究という新しい研究分野を開いた。つまり飛鳥〜奈良時代にかけての古墳として，文献史料が直接にかかわる時代の古墳であり，その被葬者についても避けて通ることのできないものである。今回発掘した束明神古墳も同様である。
　束明神古墳の築造年代は須恵器などから7世紀後半〜末頃という年代が与えられ，また古墳築造のための造成工事は直径60 mの範囲に及ぶという破格に大きい。
　石槨についても，高松塚・マルコ山古墳などに比べると体積で4倍もの規模であった。このような考古学的事実に支えられて文献・伝承・地名などの方面から天武・持統両天皇の嫡子である草壁皇子の名があげられる。たとえば『万葉集』にある晩歌から，檀岡や佐田岡に墓が築かれたことや，墓作りに多くの人々が参加したことが判断できる。『続日本紀』にも称徳天皇の紀伊への行幸から岡宮天皇（草壁）の墓の位置を推定せしめる資料がある。また伝承からは，これまで草壁皇子の墓の伝承を持つものは束明神古墳以外にはなかった。そして出土した牙歯の年齢が草壁皇子の死亡年齢である28歳に近いものであるという。その他の条件をも含めて草壁皇子の墓が束明神古墳であると考える考え方に対して否定する材料は今のところない。むしろ反対に，束明神古墳の被葬者は草壁皇子である可能性が強いと言えるかもしれない。ただし今後の調査によっては否定する材料が出るかもしれないが，その可能性は小さい。

南からみた墳丘

切石を使った横口式石槨
奈良県束明神古墳

構　成／河上邦彦
写真提供／県立橿原考古学研究所

奈良県高市郡高取町佐田で発掘された束明神古墳から凝灰岩の切石約460個（復原した数量）を使用した横口式石槨が検出された。石槨は東西両壁が家型の傾斜があるもので、その規模は同時期の高松塚やマルコ山古墳と比べると2倍以上もあり、飛鳥の終末期古墳に新しい資料を加えることになった。被葬者は天武・持統両天皇の嫡子、草壁皇子である可能性が強い。

墳丘周辺に設定したトレンチ
（葺石が散乱している）

石槨全景

奈良県束明神古墳

奥　壁

東壁の一部

奥壁と西側壁の隅角部分

床と漆喰

大規模な中世墳墓
北九州市白岩西遺跡

構　成／前田義人
写真提供／(財)北九州市教育文化事業団

白岩西遺跡Ⅲ・Ⅴ・Ⅸ群の全景

白岩西遺跡は北九州市八幡西区香月に所在する。鎌倉時代初期〜江戸後期の墓址であり、公園建設に先立ち約6,000㎡が発掘調査され中世墳墓としての規模・出土遺物で全国的にも最大級のものである。徳治銘（1306〜1308）をもつ陶製五輪塔が出土し、石塔・土師器・輸入陶磁器の編年研究上貴重な資料を提供した。

Ⅷ群除去後に検出した火葬墓上部構造

Ⅵ群11号墓全景

北九州市白岩西遺跡

陶製五輪塔
(Ⅸ-14)

黒釉陶器
(Ⅸ-14)

褐釉陶器
(Ⅷ-17)

褐釉陶器
(Ⅷ-12)

五鈷杵
(Ⅵ-10表採)

( )内は出土場所を示す

●最近の発掘から

鎌倉～江戸後期の集石墓——北九州市白岩西遺跡

前田義人 北九州市教育文化事業団

　白岩西遺跡は北九州市八幡西区香月に所在する。この地は市域の西南部を占め，福智山系の西側，遠賀川の中流域に位置する。遺跡は鎌倉時代から江戸後期まで続く集石墓を主体とする墓址である。

　調査は公園建設に伴い，北九州市文化課の委託をうけ，北九州市教育文化事業団埋蔵文化財調査室が実施した。調査範囲は当初 4,700 m² を予定したが，隣接する近世墓中に集石墓が所在し，墳墓形態の一貫性を追求し信仰の変遷をたどる上から，最終的には 6,000 m² が昭和58年8月1日～昭和59年4月16日まで調査された。

　現在，明年3月の報告書刊行にむけ整理中であり，供養塔・墓標である石塔類には全く手をつけておらず，概要をのべるには時期尚早であるが，先学諸兄のご教示を賜わりたく速報したい。

1　立地と周辺の考古学的環境

　遺跡は遠賀川の支流，黒川の右岸丘陵上標高20～33mに立地している。襞状に突出する丘陵の付根部附近にあたり，展望は南に開き，三方は同様な丘陵に遮られ望めない。金剛山系より遠賀川に向い派生する大小の丘陵上には，弥生時代の遺跡が多数所在しており，市域を代表する遺跡の宝庫である。弥生時代中期初頭の集落址とともに土壙墓・甕棺などの墳墓，袋状竪穴が検出された馬場山遺跡をはじめ，辻田，原の諸遺跡は黒川対岸に所在し，前期～中期の墓址香月遺跡は南1kmに近接する。

　周辺の古墳時代～古代遺跡は少なく，鎌倉以降遺跡は増大する。この地域の中世の様相は豪族勝木氏の所領にあたり，勝木氏の居城北上殿は南西300m，延暦廿二年開山の正和五年銘の経筒を納蔵した五層塔を有する白岩山聖福寺は正200m，浄土宗鎮西派開祖聖光阿上人誕生地吉祥寺は西300mに，中世墳墓とともに多量の輸入陶磁器が出土した白岩遺跡は東200mに対峙しており，この地が中世において宗教上重要な位置を占めていたことが窺える。

2　概　要

　遺構は丘陵尾根筋と斜面を地山整形し構築した集石墓群であり，谷を挟みA，B2地点に分布する。A区は形状から10群に区分され，集石墓は総数200基近い。群として最大のものはⅧ，Ⅸ群であり50基を越える。集石

墓の基本的な形態は図で示した如く，墓壙を掘り割石転石を用い方形区画を設け，内部に礫，転石河原石を充填し，墓標・供養塔として自然石や五輪塔を配置するものが主流をなす。外郭の区画は当初より計画された面積だが，区画内は小区画され，内部に火葬骨を埋納する。まれに土葬もみられる。一小区画内に1体の埋納数を示さず複数が多い。区画内の埋納は複数だが，同時埋納とは考えられず，順次拡張したと把握される。火葬骨の収納には蔵骨器として輸入陶磁器・土師器をはじめ，陶製の五輪塔が転用されているが，蔵骨器の使用は9基の集石墓に限定され，一般的ではない。人骨は集石下に露呈する。1例木箱の取手状の青銅製品が出土しており，盤状の敷石上から検出した人骨は本来木箱に納められたものかもしれない。埋納穴は素掘りのものと円礫で囲った例がある。

　調査地は13分割され，集石墓は立地，地山整形，墓道の形状から10群に区分した。Ⅰ～Ⅲ，Ⅴ，Ⅸ-B群は丘陵尾根筋，Ⅵ，Ⅶは東斜面。Ⅷ，Ⅸ-A群は南斜面，丘陵頂部に遺構は所在せず。

　Ⅰ群　丘陵最上位に立地し規模は小さく，西南に23基（A群），東南に3基，A群に地蔵尊を浮彫した石塔2基と，B群に秀美な石灰岩製の五輪塔を墓標として据え置いている。

　Ⅱ群　長さ14m，幅2.5mを扇形に地山整形し3基築く。最大の区画は長さ10m，幅2mを測る。蔵骨器の検出はなく，小区画内に5体以上埋納した例も認められる。

　Ⅲ群　2基より成り，うち1基は長方形区画としては最長のもので，長さ14mを測る。丘陵に対し右奥隅に地輪が置かれ，区画内14カ所より火葬骨が出土している。また土師器小皿の副葬も3カ所に認められた。

　Ⅳ群　丘陵をカットし 7m×7m の方形平坦面を設け，角礫を横一線に並べて二分割しており，前1，後3で構成。前面の区画は砂利を充填し，8小区画に細分される。

　Ⅴ群（口絵参照）　14基によって構成されるが後世の攪乱が激しく，中央部では方形区画は明瞭ではない。火葬墓だけでなくⅤ-4号では内部主体として土壙墓もみられた。先端部に宝暦銘の供養塔が立塔し，当初本遺跡が近世墓と誤解される元となった。

85

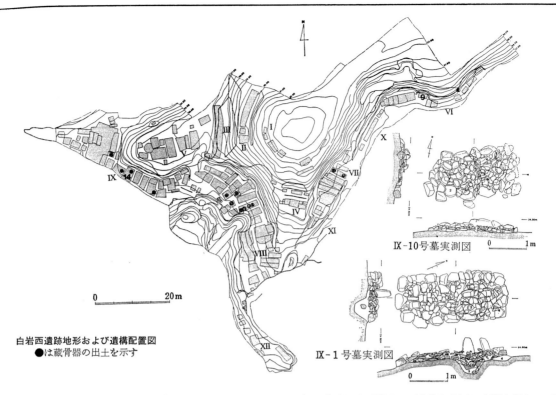

白岩西遺跡地形および遺構配置図
●は蔵骨器の出土を示す

Ⅸ-10号墓実測図
Ⅸ-1号墓実測図

Ⅵ群（口絵参照） 丘陵裾部に岩盤をカットし，這うように横1列に12基より構成。Ⅵ-4号は方形区画をもたず，カットした斜面に先端の尖った自然石7個を立塔したものだが，各々に埋納穴があり，自然石の供養塔1基に1体を埋納したことが確認された。方形区画をもつⅥ-9号の立塔すべてに埋納穴が認められた。Ⅵ-11号は石灰岩製の五輪塔とともに板碑・不明石塔が立塔され，Ⅵ-10号集石上面から金剛五鈷杵が出土している。

Ⅶ群 丘陵斜面側は盛土して築いており，11基より構成。中心を占める3～9号は斜面に対し直交する形で築かれ，Ⅶ-4号は瓦質土師器が蔵骨器として利用されている。

Ⅷ群 群としてはⅨ群とともに最大のものであり，本墳墓築造開始期の集石が含まれ，造成も大規模である。集石墓は総数50基で，A，B2群に区分。最大のⅧ-4号は長さ8mを測る。Ⅷ-17号は，輸入陶磁器2，瓦質土師器2を蔵骨器として使用しており，13世紀の築造。龍泉窯系鎬蓮弁椀も同群より出土。

Ⅷ群集石墓除去後に火葬墓を検出した。連結して2基あり，形状は長方形区画(3.6×2.1m)，内側に幅60cmで回廊状に砂利を敷きつめ，砂利内側に割石を配置し内区(2.1×1.65m)をつくり，内区を埋め戻し，外区より一段高く築いている。内区中央部で火葬を行なっており，炭層が埋め土上面に堆積する。人骨片が出土している。ほか1基は内区の上部遺構を欠損しているが，方形の砂利敷層は遺存し，内区に隅丸長方形土壙を掘り，壙底に扁平な石を配置し，遺体を安置し火葬を行なっている。土壙を埋め戻し，埋める前に土師器小皿・杯を副葬品として入れている。2基の遺構は鎌倉期のものである。

Ⅸ群 南側を削平されている。2群に区分され，A群は区画も歴然とし15基より構成。B群は大区画内に小区画多数あり。B群除去後，4基の土壙墓を検出した。A-14号墓は丘陵に対し直交する形で築かれ，区画内が3中区画され，さらに小区画が認められたが，中央区画南側で陶製五輪塔が出土し，地輪に徳治(1306～1308)銘が認められた。

Ⅻ群 区画が明瞭でない9基で構成。

近世墓 総数約70基よりなり，石塔を有するもの20基を数える。碑銘は享保～文政2年まで。

3 おわりに

出土輸入陶磁器は従来Ⅷ-17が13世紀，Ⅺ-14が14世紀初頭に比定され，徳治銘の陶製五輪塔は編年を追認した資料である。本集石墓は鎌倉中期に盛行し，火葬墓は鎌倉初期に遡る。地理的位置，遺物より天台宗と豪族勝木氏に関係する墓制である。

今回の発掘は市域では椎木山・力丸・白岩・本城南の各遺跡に続くものである。これまで時期，被葬者を特定し，形態の変遷を近世まで辿る資料はなく，本遺跡の中世墓研究に果す役割は大きい。また，徳治銘の陶製五輪塔は北部九州の石塔群，土師器，陶磁器の編年に貴重な基礎資料を提供した。

連載講座
古墳時代史
9. 古墳の終末

県立橿原考古学研究所研究部長
石野 博信
(いしの ひろのぶ)

6世紀には，古墳は首長権継承儀礼の場ではなくなった。したがって，墓地で首長権継承儀礼を行なっている時代を古墳時代とよぶのであれば，6世紀は古墳時代とはよべない（「古墳時代史」3）。古墳時代の墓を古墳とよぶのであれば，古墳はもはや6世紀には存在しない。

本項で扱う「古墳の終末」は，上記の私見から離れて，一般的にいう「古墳」の終末を検討しようとするものである。

● 終末期古墳の研究 ●

昭和47年に奈良県高松塚古墳が検出されてから，古墳の終末期が注目を集め，研究が進展した。

それより早く，森浩一氏は，「葬法の変遷よりみた古墳の終末」[1] を論じ，さらに「古墳時代後期以降の埋葬地と葬地―古墳終末への遡及的試論として―」[2] によって展望をひらかれた。終末期古墳という用語は早い時期に斎藤忠氏が提唱されているが，はじめて真正面から取り扱ったのが森氏の両論文である。森氏は古墳終末の要因として「土地制度の変革が各氏族の墓地の整理をうながした」（註1）文献 653頁）ことを指摘された。後者の論文の補訂版によって，森氏の終末期古墳の区分を引用すれば，つぎのとおりである。「古墳時代後期とは大勢として群集墳の形成（造墓活動）の終る――7世紀初頭前後」までであり，「それ以降は終末期と総称するが，内容的に」は，「一部の群集墳（平尾山型）の形成期，多くの群集墳の追葬期である――終末前期」と「小型化した横穴式石室や横口式石槨が採用されるようになり，かつての群集墳は利用されることもまれで凍結された形」になる「終末後期」に二分できる（註2）文献，39頁）。

他方，白石太一郎氏は畿内の後期大型群集墳の分析を通じて，その消滅に時期差があること，例えば「河内の場合，高安千塚が5世紀末期ないし6世紀初頭には成立，そして6世紀末で消滅してしまったのに対し，平尾山千塚はこれよりやや遅れて6世紀前半にその形成を開始，7世紀の後半まで存続するという事実」を指摘され[3]，水野正好氏も群集墳消滅の二つの画期を「推古朝喪葬令」・大化喪葬令との関連で説いておられる[4]。

高松塚以後，秋山日出雄[5]，網干善教[6]，猪熊兼勝[7] 各氏らによって研究が積み重ねられたが，昭和57年の白石太一郎氏による「畿内における古墳の終末」[8] は現時点での成果を集約したものということができる。

白石氏は，「畿内の群集墳をその消滅のあり方から分類すると，7世紀初頭から第1四半期で古墳の築造が終ってしまう高安型と，7世紀の中葉すぎから第3四半期の前半頃まで古墳の築造が続けられる平尾山型，さらに墳丘をもつ古墳の築造は7世紀の第3四半期の前半頃で終るか，それ以後も無墳丘ないしはこれに近いもので退化型式の横穴式石室や箱式石棺が続けて築造される長尾山型の三つの類型が設定できる」（註8）文献，117頁）。そして，「支配者層墓の変質過程における第1の画期は，6世紀末葉と想定される前方後円墳の否定と大型方・円墳の採用であり，第2の画期は7世紀中葉における大王陵の八角墳化であり，第3の画期は7世紀の後半における豪族の古墳の消滅ないし衰退の現象である」。第1の画期は「開明的な立場をとっていた蘇我氏の主導のもとになされ，――第2の大王陵の八角墳化は大王家が畿内豪族の中におけるその地位の隔絶化を志向したもの」

87

であるが，それを明確に示すのは「壬申の乱による大王権力の伸長」による第 3 の画期である（註 8）文献，118・119 頁）と主張された。

古墳の終末と大王権力，ならびに有力豪族の消長とのかかわりは，これら諸論考にゆずり，本項では従来さほど注意されていない特異な終末期古墳と群集墳，ならびに火葬墓群とのかかわりを検討して，地域の中での具体的な姿を描いてみたい。

● 群集墳の中の首長墓 ●

群集墳の中には，前方後円墳を含む群と含まない群があることはよく知られている。後期前方後円墳で，横穴式石室をもつ古墳はその地域の首長墓と考えることができる。後期首長墓には，群集墳内に存在するものと，群集墳から離れて存在するものとがある。前者は在地性が強く（在地型首長墓），後者は非在地的な新興層の墓地の可能性が考えられる。

このことを，いくつかの例をあげて考えてみよう。

奈良県下には 109 基の後期前方後円墳があり，そのうち横穴式石室をもつことが明らかな古墳は 32 基である[9]。前園氏の整理によると，全長 100 m 以上の前方後円墳は，「周辺に同時期の古墳をほとんど伴わず，その地域に突如出現した感をいだかせるもので，他と隔絶している」。全長 50 m 以上の前方後円墳の多くは，先代の古墳との系譜関係が推定しうる位置に単独で存在するが，川西・三宅地域には黒田大塚古墳をはじめ前方後円墳だけで構成される一群があり，「倭屯田（倭屯家）」設定にかかわる集団の墓地と考えられている。同様な性格は，桜井市珠城山古墳群にも認められ，新興層による当該地への進出の一端を示すものであろう。

他方，全長 100 m 以上の前方後円墳を伴う群集墳が 3 群（石上古墳群・新沢千塚古墳群・杣ノ内古墳群）認められ，「このグループは 6 世紀前半の中央

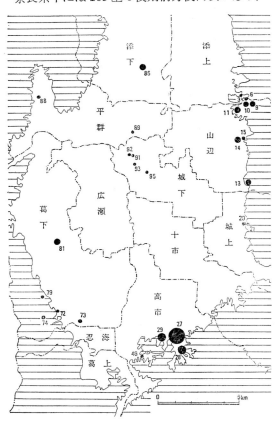

図 22　大和における後期前方後円墳分布図
　　　（全長 50 m 以上）（註 9），前園論文より）

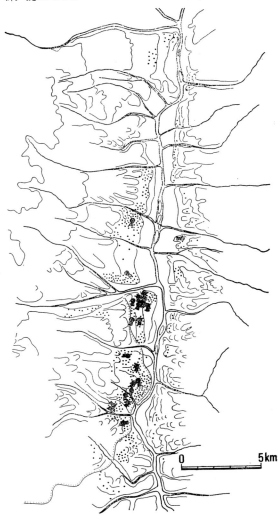

図 23　長野県天竜川中流地方の古墳群
　　　（『日本の考古学』IV，藤森栄一論文より）

政権の中枢部における最有力者を族長にあおぐ集団の墳墓と考えられる」。また，全長50m以上の前方後円墳を含む群集墳は，「実質的に在地勢力を掌握していた族長層とその氏族構成員の墳墓」であり，全長50m未満の前方後円墳を含む群集墳は首長墓が集団墓から抜け出せないものであり，このタイプが最も多い。

奈良県における後期前方後円墳のあり方は，規模の大小を問わなければ，横穴式石室を構築している地域の一般的な傾向と思われる。

例えば，熊本県大野窟古墳は隔絶した独立墳であり，長野県飯田市周辺の古墳群（図23）は有力族長層を盟主とする。そして，各地には全長20〜30m級の前方後円墳を含む古墳群は数多い。

6世紀の5つの階層者の墳墓は，7世紀にはどのような道をたどるのであろうか。

終末期古墳の階層的分布

奈良県明日香村には天武・持統陵をはじめ，著名な終末期古墳が点在している。その地域は，藤原京の南辺に当り，天皇，ならびに有力者の墳墓地で京南陵墓群と呼称される[10]ほどである。6世紀の100m以上の前方後円墳が京周辺の一画に集められている感が深い。6世紀の大型前方後円墳は，単に古墳が立地する地域を領域とするのではなく，広い範囲のどこにでも占地しうる点で100m以下の前方後円墳と隔りがある，という[6]。7世紀には京南辺に集中する点で6世紀にはなかった新たな規制がはたらいており，そこには，天武・持統陵や文武陵（中尾山古墳）をはじめ，草壁皇子説の高い束明神古墳などが含まれている。

この現象は，大和だけのことではなく，一部に奈良県明日香村の酒船石と同じ手法をもっている出雲国府北辺の大草岩船古墳や，火焔形の玄門をもつ筑波郡衙近くの佐都岩屋横穴（図24）など，地方官衙周辺に特異な古墳が築造されている点から，各地に同様の思想に基づく墓地規制が行なわれていた可能性が考えられる。

そして畿内では，天皇陵としてははじめて崇峻陵（赤坂天王山古墳）に方墳が採用され，従来の前方後円墳の意義は形の上でも失なわれていく。

京南陵墓群の中には，古墳立地の上で，大きく二つの傾向が認められる。一つは天武・持統陵や中尾山古墳のように丘陵尾根上に立地するタイプであり，天皇級と考えられる。他は，丘陵南斜面を⊏状に数10mにわたってカットして平坦地をつくり，その中央部に墳丘を設けるタイプで，束明神古墳・マルコ山古墳・キトラ古墳など類例は多い。これらの墳丘は，径20m弱と小さいが，平坦面造成作業は莫大であり，全長50m以上の前方後円墳築造に匹敵するであろう。桜井市舞谷の5つの各尾根に築造されている磚積横口式石室墳（磚槨墳）も同様の平坦面を造成しており，飛鳥の諸例を含めて皇太子・皇子・高級官僚などが被葬者像として考えられている。

図24　島根県岩船古墳（上）と茨城県佐都岩屋横穴（下）

7世紀の古墳で丘陵南斜面に立地するのは，大阪府塚廻古墳・同松井塚古墳・同御嶺山古墳などの河内飛鳥の地域をはじめ，大分県古宮古墳や石川県金比羅山古墳などに類例があり，7世紀の切石石室墳の立地として共通の傾向をみせている。

　広島県「曽根田白塚古墳は他の古墳群からは孤立した位置にあり，大佐山白塚古墳は5基の古墳群の主墳と考えられるが，古墳群そのものは他の古墳分布とは孤立した存在である。また尾市1号古墳のある丘陵は独立丘的存在である」[11]。これらの古墳は，切石横穴式石室であり，脇坂光彦氏は「備後国設定に関与して畿内政権から派遣された官吏層が営んだもの」と推定されている。各古墳の独立的な占地や尾市1号墳の墳形が「多角形をなす可能性」などから脇坂氏の推定は多くの賛同をうるであろう。しかし，多角形墳，とくに八角墳は天皇級の墳形として注目されている形態であり[12]，群馬県武井廃寺塔跡とされている八角墳[13]も含めて検討し直す必要があるかもしれない。

　例えば，『出雲国風土記』では「天下の造らしし……」オオナムチ神が観念されていることから，各地域に天下造りの神──王が存在し，それらの王の一部がかつて前方後円墳を築造したように，八角墳を築造した可能性もありうるからである。このように考えると，律令政府の地方統治のあり方をも問い直すこととなり，終末期古墳の墳丘調査は一層意識的に行なわれなければならない。

● 群集墳の中の終末期古墳 ●

　「7世紀初頭前後，群集墳の築造が終熄に近づきつつある頃，一部の群集墳内部における動きとして注目されるのは，群中においてかなり特徴的な内容をもつ石室墳が出現することである」[14]。一例をあげれば，奈良県丹切古墳群中の磚積横口式石室の丹切33号墳（7世紀前半）や横口式石槨の奈良県竜王山89号墳，笛吹・山口古墳群内の一古墳などがある。これらの古墳の被葬者は，「推古朝以降，新しく在地より抽出された初期官人層」であり，従来からの「在地の有力首長の古墳としてはむしろ，岩屋山式石室墳などではなかったかと思われる」。つまり，有力首長は独立墳に，新興の官人層は群集墳内に，という図式を描くことができる。

　広島県芦田川下流域の猪の子1号墳や大坊古墳などは，先行する「大型石室墳の周辺に分布」[11]しており，さきにみた同地域の尾市1号墳のあり方や大和の群集墳内の終末期古墳と異なる。これらは，在地有力首長が官人化してもなお群集墳内に葬られている姿を示すものと考えることができるであろう。

　7世紀には，藤原京南辺や河内飛鳥，ならびに地方官衙周辺などにみられる特定階層の墳墓の集中がみられるとともに，有力首長は独立墳を築き，新興官人層は群集墳内に葬られる，という大きく三様の墳墓占地が認められる。群集墳の解体は突然におこったのではなく，6世紀以降の古墳の変質とともに徐々に進行し，その過程において上記の態様をとったものと思われる。

　関東・東北の7・8世紀の古墳は，単次葬を主旨とする畿内の横口式石槨墳とは異なるものであり，家族墓としての横穴式石室・横穴が変容しながらも継続したのであろう。

● 仏教と古墳の終末 ●

　仏教思想の普及によって古墳の築造をやめるということはなかったと思われる。飛鳥寺塔心礎の横穴式石室の副葬品と等しい甲冑などの鎮壇具や水泥石棺に付された蓮華文，岡山県本坊山陶棺の絵画などから仏教と古墳の関係が説かれることが多い。しかし，仏教の流入後も古墳は築造されつづけ，両者は共存共栄の関係にあったと考える。

　共存共栄の思想的側面を検証しうる例がある。奈良県中尾山古墳は京南陵墓群の中にあって，文

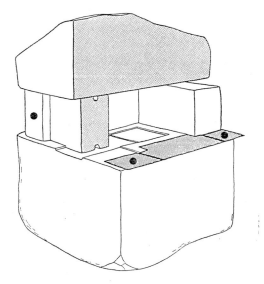

図25　中尾山古墳石槨　●印は柱状石＝四天柱
（猪熊兼勝ほか『飛鳥時代の古墳』より）

図26 群馬県「武井廃寺塔跡」

武天皇陵に擬されている。石室は大きな花崗岩の底石の上に同じく花崗岩切石で四壁をつくる。四壁の各コーナー外側に直方体の石が立てられている。これは石室構造上は不必要であり，意図的に立てられた4本の柱——塔の四天柱を意識したのではないだろうか。そうであるとすれば，石室内に納められたと推定されている蔵骨器内の火葬骨は，まさに「舎利」を思わせる。

同様の四天柱は，切石組石室の兵家古墳でも推測されており，数少ない例ではあるが仏教思想にもとづく「古墳」埋葬が施行された場合があることが考えられる。群馬県武井八角墳も，塔心礎とされているくりこみのある巨石が中尾山古墳同様に石槨の底石と考えられ，同じ思想に基づく造墓であるかもしれない。

● 終末期古墳と火葬墓 ●

終末期古墳はどのようにして終末を迎えたのか。それを考えるために火葬墓との関連を検討してみよう。

藤原京南陵墓群には7・8世紀の顕著な火葬墓は知られていない。火葬普及との時期差は考慮するとしても，マルコ山古墳や高松塚古墳は8世紀前半の古墳であり，必ずしも時期差だけでは解決できない。そしてまた火葬墓は，独立墳的な終末期古墳の周辺にも認められない。

火葬墓群の多くは，後期群集墳や終末期古墳と重複せず，異なる地域に営まれてい

る[15]。奈良盆地を例に説明しよう。

奈良時代火葬墓群は，平城京北辺の奈良市佐保山火葬墓群，僧道薬墓東方の天理市岩屋火葬墓群，三輪山東方の桜井市横枕火葬墓群などが知られている。

佐保山火葬墓群は丘陵南斜面に火葬の場と埋葬を兼ねた一形平坦面と蔵骨器群があるが，蔵骨器にはとくに秀れたものはない。岩屋火葬墓群は，いまのところ蔵骨器1基が知られているだけであるが，地形的にはかなり大規模な火葬墓群になるように思われる。横枕火葬墓群には多くの蔵骨器があり，中には鉄板の上に容器を伏せたものなどがあって古くから著名である。

これら火葬墓群は，いずれもとくに秀れた蔵骨器を用いたり，厚葬を思わせる埋葬施設をもつこ

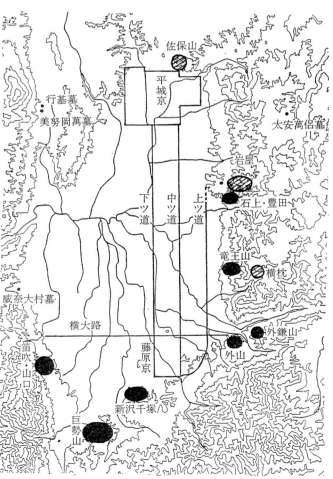

図27 大和の群集墳と火葬墓 （註15），前園論文44図に加筆）

とがなく，その数量からみても後期群集墳に相当する集団墓地と考えられる。言いかえれば，墳墓の一定区域への集中であるが，この現象は，森浩一氏が説かれているように6世紀後半から認められ，火葬墓群との間には若干の空白期間はあるものの同一線上の事象であろう。

"若干の空白期間"には，終末期古墳が築造されている。切石横口式石槨墳や磚積横口式石室墳が同一群内に火葬墓を伴うことはない。桜井市忍坂8・9号墳（磚積横穴式石室）は，古墳群内の丘陵南斜面に2基並んで築かれており，同一斜面から金銅製蔵骨器を内蔵したと思われる石製外容器が検出されている。

また兵庫県宝塚市中山荘園1号墳は，単葬と思われる小型横穴式石室をもつ八角墳であるが，40m余離れた同一斜面から金銅製蔵骨器が検出されている。忍坂例も中山荘園例も，そのあり方からみて石室墳と火葬墓に系譜関係を推測しうるが，類例は少なく一般的傾向とは言い難い。

一般的には，奈良時代火葬墓群は従来の後期群集墳とは別に墓地を選定しているのであり，終末期古墳ともとくに連続することはない。

5世紀後半から6世紀にはじまった群集墳は，7世紀前半に造墓活動を中止し，特定階層だけが特定の単葬墓を築造した。8世紀になると，かつての群集墳階層者の墓地が選定されたが，それは従来の氏族関係を切断するかのような墓地選定が行なわれており，そこに群集墳と終末期古墳の終熄の契機をみることができるように思われる。

● 古墳と墓碑 ●

『喪葬令』に「凡そ墓には皆な碑を立てよ」とあり，元明太上天皇は，養老5年（721）に「刻字の碑を立てよ」と遺詔されている。日本の古墳には，墓碑・墓塔を立てる風習はほとんどない。さきの規定や遺詔の風は，どこまでさかのぼることができるのであろうか。

上野三碑の一，山ノ上碑は，天武10年（681）に山ノ上古墳の墓側に立てられた墓碑と考えられている[16]。那須国造碑は文武4年（700）に，阿波国造碑は養老7年（723）に立てられた墓碑[17]であるが，高塚古墳に伴うかどうかは明らかではない。さきの規定や遺詔が順守されていたとするには，あまりにも遺存例が少ない。

そのような傾向の中で確実に古墳に伴う山ノ上

碑と可能性が考えられる那須国造碑が，毛野国にかたよって存在している事実にむしろ注目しなければならないだろう。尾崎氏は，多胡碑文中の「甘良は『から』であり，韓を意味し，多胡は多数の帰化人を意味する。」と指摘されている。8世紀の関東への渡来人は毛野に限られたことではないが，その一部に大和の渡来人と同様に「刻字の碑を立て」る風習をもった人々が含まれていて，上野三碑や那須国造碑を遺したのであろうか。

註

1) 森　浩一「葬法の変遷よりみた古墳の終末」末永先生古稀記念古代学論叢，1967
2) 森　浩一「古墳時代後期以降の埋葬地と葬地」古代学研究，57，1970
　なお『論集終末期古墳』塙書房，1973 に一部加筆・補訂の上収録されている。
3) 白石太一郎「畿内の後期大型群集墳に関する一試考」古代学研究，42・43 合併号，1966
4) 水野正好「群集墳と古墳の終焉」古代の日本，5，角川書店，1970
5) 秋山日出雄「檜隈大内陵の石室構造」橿原考古学研究所論集，5，1979
6) 網干善教「八角方墳とその意義」橿原考古学研究所論集，5，1979
7) 猪熊兼勝「飛鳥時代墓室の系譜」研究論集，3，奈良国立文化財研究所，1976
8) 白石太一郎「畿内における古墳の終末」国立歴史民俗博物館研究報告，1，1982
9) 前園実知雄「大和における後期前方後円墳の規模と分布について」橿原考古学研究所論集，4，吉川弘文館，1979，の第1表
10) 菅谷文則「佐田遺跡群現地説明会資料」橿原考古学研究所，1983
11) 脇坂光彦「広島県における終末期古墳研究の一視点」考古学と古代史，同志社大学，1982
12) 菅谷文則「八角堂の建立を通じてみた古墳終末期の一様相」史泉，40，1970
　網干善教「八角方墳とその意義」橿原考古学研究所論集，5，吉川弘文館，1979
13) 昭和53年，河上邦彦氏が現地で八角墳の可能性を指摘され教示をうけ，その後，現地を確認した。
14) 関川尚功「群集墳をめぐる諸問題」桜井市外鎌山北麓古墳群，奈良県教育委員会，1978
　以下，大和の動向は関川論文に負うところが多い。
15) 前園実知雄「まとめ」太安万侶墓，奈良県教育委員会，1981
16) 尾崎喜左雄「上野三碑を中心とした古墳」古代学研究，30，1962
17) 藤沢一夫「火葬墳墓の流布」新版考古学講座，6，雄山閣，1970
　天羽利夫「古代の阿波」徳島県博物館，1976

書評

中山平次郎著　岡崎　敬校訂

古代乃博多

九州大学出版会
B5判　420頁
10,000円

　九州考古学の開拓者として令名が高い中山平次郎博士は，弥生文化と青銅器の研究に不朽の業績を残された碩学として日本考古学史上に光輝していることは周知の通りである。その中山博士には，歴史考古学の分野に関する研究も多く，昭和25年に西日本新聞社の第9回西日本文化賞を受賞された対象論文は「古代の博多の歴史地理学的研究」であった。この受賞論文は，『考古学雑誌』に発表された論文を骨子としたものであったが，古代より中世にかけての博多の歴史を考古学・文献史学そして歴史地理学の立場より闡明された労作として高く評価されたのである。
　このたび，この論文が岡崎敬教授によって校訂され，さらに博多の考古学的調査の近況が盛られた論文3編が付篇として掲載されて公けにされた。
　『古代の博多』は，次のごとく全6章より構成されている。すなわち，第1章　古代の博多，第2章　続古代の博多，第3章　博多古図，第4章　箱崎の石塁，第5章　元寇防塁の価値，第6章　博多湾の海岸線，である。そして，付篇として，1大宰府鴻臚館をめぐって—福岡市平和台遺跡—（渡辺正気），2中世の博多—発掘調査の成果から—（折尾　学・池崎譲二・橋本朝子），3元寇防塁と博多湾の地形（柳田純孝）が収められ，解説は"中山平次郎先生と「古代の博多」"と題して岡崎教授が執筆されている。
　"博多"は，古代より中世にかけて，わが国の対外的接点の地としてきわめて重要な位置を占めている。とくに，古代における大宰府鴻臚館の所在地の確定は，考古学的調査の出発点となるが，その地点を現在の平和台の地に求めたのは中山博士であった。博士は，その所在地を具体的に定めるにあたり文献資料（万葉集など）の分析より福岡城に求め，ついでその確証を古瓦の発見によって決したのである。この鴻臚館跡については古来諸説があったが，博士によって文献・考古の両面より探求がなされたことは"博多"研究の原点となったのである。後，その比定地（旧福岡第24連隊兵営内被服庫周辺，現平和台テニスコート付近）一帯より多量の越州窯青磁が出土し，また「小蔣置此硯瓦」銘の円面硯，古瓦が検出されたことは大宰府鴻臚館跡としての蓋然性がきわめて高いこととなったのである。
　このようにまず文献資料よりその地の歴史的環境を探り，ついで現地踏査によって地理的，そして考古学的な検証を重ねていくと言う博士の方法は，ひとり鴻臚館跡の場合に限らず，港の研究においても発揮されている。交易の地としての博多は，港を核として形成されている訳であるから，港の所在確定が重要であることは当然のことである。第1・2章は，博多を以上のごとき方法によって究明したものであり，本書の中心となっている。
　それは，室町時代のものと巷間に言われてきたいわゆる博多古図を，歴史地理学的所見と文献資料の検討にもとづいて「明和を遡ること余り遠からぬ」頃の作成と考えられた第3章の所見を導き出された方法でもある。
　中世の博多について眼を転じるとき，元寇を等閑視することはできない。世に"元寇防塁"と称されている防塁は，博士の命名であり，またその調査の先鞭をつけられたのである。防塁の調査は，博多湾の地形変化の研究を生んで中世における博多湾とそれに直面した地域の歴史的研究の基礎となった。第4～6章はそれについて論じたものである。
　『古代の博多』は，このように古代より中世にかけての"博多"研究の基本的視角を展開した論文の集録であると言えよう。かつて，森克己先生が日宋貿易に関する講義の折，中山博士の論文を多く引用されながら，とつとつと九州大学在任中の研究の一端を披瀝されたことを想い出す。博多を中心とする対外交易の研究は，従来，文献資料に視点がおかれていたが，1977年に福岡市教育委員会が着手した地下鉄関係調査，そして都市計画道路拡幅調査など一連の発掘調査によって，多くの考古学的情報が得られるにいたっている。その成果の一端は本書の付篇にも収められているが，博多遺跡群の調査は大量に出土する輸入陶磁器に象徴されるように博多の歴史的性格を明示している。今後とも博多の研究は，文献・考古の協同研究によって多くの成果を生みだしていくことであろうが，それは中山博士の研究に立脚していることは言うまでもない。九州考古学の原点とも称しうる中山博士の"博多の研究"が，岡崎教授の肝煎によって公刊されたことは誠に喜ばしい限りであり，その意義は計り知れないものがあろう。
　"博多"研究の古典的労作である本書は，明日の博多の調査研究の指針となるものであるが，同時に地域における歴史研究の方法を明快に示した書とも評し得るのである。　　　　　　（坂詰秀一）

書評

熊谷 治著
東アジアの
民俗と祭儀

雄山閣出版
A5判 258頁
3,000円

　熊谷治教授が年来討究し,発表して来た東アジア(日本,朝鮮,中国など)の諸族の民間伝承,神話,祭儀,習俗などの比較研究の成果を集めた論文集が,本書である。

　国分直一教授が,本書に寄せられた序文の中でも紹介せられているように,著者はもと東洋史学の畑から出,東アジアの文献資料に造詣が深いのであるが,歴史の基底に横たわる伝承・基層文化に思いを致し,やがて中国,朝鮮,日本に残る民間伝承や祭祀行事の比較から,共通の要素を汲み取り,その源流・系統の問題に及ぼうとする,民俗学,民族学,文化人類学の世界に入りこみ,その立場からの東アジア文化論を考えて行こうとしている篤学の研究者である。

　氏の東亜民族学は,その故に,中国,朝鮮の豊富な文献的知識が基礎となっているのが特色である。本書の中の諸論考のいずれもが,まず文献を渉猟して,確実な語義や年代や場所を押さえ,その後に,各地域の行事の実態を,それぞれの民俗学者などの理説を紹介,あるいは批判しながら,最後にその源流・母胎の問題に及んで行くという形を取っている。

　大体この著全体に通じて言えることは,これらの中で扱った諸事象,諸伝承は,それを受容した各民族によって,かなりの風土化,多様化を生んではいるが,みなもとは,東南アジアから西南中国にかけての,いわゆる照葉樹林文化地帯に発祥するものだという推論なのである。

　日本と中国,朝鮮とは,単に文字や文献だけの交流関係ではない。三者の年中行事や冠婚葬祭などの民間習俗を比較して見ただけでも,お互いに切り離せない共通性を持っている。日本の小正月と韓国の上元節,中国の元宵節の予祝行事,また旧八月十五夜(中秋または秋夕)の綱引行事などその例である。日本の基層文化の本質を討究して行く場合に,こうした近接の民族の行事や伝承との比較は,今後の大きな課題であると言えよう。

　著者の研究は,こうした点から,これからの日本の基層文化の研究の,指すべき方向を提示しようとしていると言える。

　本書の内容は,全部で7編からでき,最初はアズキの栽培やその儀礼的使用(例えば小正月や冬至などに食べるアズキ粥など)を扱い,次に,匏瓜(ヒサゴの類)のそれを論じ,それらに伴う伝説や俗信をさぐり,その源流をたずねて,西南中国の照葉樹林・焼畑民に求めている。ヒサゴから人類の祖先が生まれる話や,朝鮮の朴赫居世,瓠公などの説話まで,これにからませ,縦横に想像を拡げているのは,読者に取っても楽しい。ただ「人類の祖先がヒサゴから生まれた」という原始観念が下地になって,ヒサゴからいろいろな財宝が出て来るという俗信が生まれたのだというような,多少安直で性急な結論もないことはない。

　朝鮮半島の索戦(チュルダリギ)と,小野重朗氏が詳細な分布を明らかにした九州の綱引行事との比較は,著者自身の最も力を注いだもののようで,力編と言える。両者が共に八月十五夜に行なわれること,これを支える子供組や若者組の組織雄綱と雌綱という両性の蛇のシンボリズム,その結合が性的な行為を連想させる冗談など,豊漁や豊作の予祝としての意味を持つこと,月の崇拝と結びつくこと等々の一致を論じ,これが中国の「絜河戯」という,同じ節日の行事と結びつくことを論じている。

　また朝鮮の竜蛇信仰(護法竜),洞祭(村の神の祭り),火祭,神婚儀,朱色の俗信などを取り上げ,それらの本来的な意味と機能を論じ,それらを日本,中国の事例と比較し,その源流を考えようとしている。韓国上元の月の家焼きの行事と,日本の小正月のドンド焼のそれとの比較から,それらの源流を,照葉樹林の焼畑文化に求めようとしているなどその一例である。ただ季節の火祭り行事などは,古くマンハルト,フレーザー,ニルスソンらも論じたように,世界的に分布した豊饒儀礼であり,必ずしも照葉樹林帯には限らないのである。

　説話と儀礼の相関関係などについては,今少し詳細さが欲しい気がする。神と巫女の神婚儀を,神を接待する一方法であるといい,これで処容の妻を疫神が犯したという説話を解釈するのはよいとしても,竜宮にさらわれた水路夫人の話までも含ませているなどそれである。最後に対馬の亀卜や葬制などの聞き書き調査を添え,日韓民俗の交渉の跡に実証のメスを入れようとしている。

　いずれにしても,この書は,これからの東アジア民族学,というより比較民俗学ともいうべきものの方向を示す道標の役を果している良書である。

(松前　健)

論文展望

選定委員　石野博信　岩崎卓也　坂詰秀一　永峯光一
（五十音順略称）

杉原荘介

先土器時代研究上の 二，三の問題

駿台史学　60号
p. 5～p. 11

岩宿遺跡の最初の発掘者であり その後の先土器時代文化の研究について，日本考古学界を指導する重要な業績を残した杉原荘介氏は 1983 年 9 月 1 日，いまから 1 年前に急逝された。

存命中の杉原氏が在職した明治大学の駿台史学会では，杉原氏が自ら企画した「日本細石器文化の研究 II」を，『駿台史学』60 号に杉原氏の追悼の意をこめて，特集号として発行した。本論文はその巻頭に杉原氏の遺稿の形で掲載された論文である。

内容は(一)先土器時代という名称について，(2)刃器について，(3)細石器について，(4)先土器時代文化の編年について，(5)先土器時代と旧石器時代についてという 5 項目からなり，杉原氏が編集の任に当った『考古学集刊』の 1963 年から 67 年にかけて執筆した編集後記を集録したものである。

杉原氏は考古学の用語や時代概念，そして方法論に関して非常に注意深い配慮を常におこなってきた学者であるが，(1)と(5)ではいまなお学界に意見の多い「先土器」の用語を使うことの妥当性を説き，とくにその中で日本原始時代史全体の流れをとらえることの意義を強調された。(2)(3)では刃器（Blade）と呼ばれる石器が，細部加工を施さないで道具として用いられることの意味を説き，とくに細刃器については細刃器製作の技術的過程を，用語の整理とともに体系化し，北海道で彫器とされていた舟底形の石器を「白滝型細石

核」と位置づけるなどの先見的な見解を示した。(4)と(5)を含めて，杉原氏は日本の細石器文化およびそれに続く「原土器時代」の評価をふまえて，先土器時代文化編年の再編成の必要性を示唆している。

この論文は一つの論文として執筆されたものではないが，またそれゆえに杉原氏の先土器時代文化研究の方法と態度を端的に示す発言として関心をひくものがある。そして杉原荘介氏が常に用語を吟味しようと努力した学問的な責任感を強く示している。（戸沢充則）

小林謙一

中部・関東地方における勝坂・阿玉台式土器成立期の様相

神奈川考古　19号
p. 35～p. 74

縄文時代中期前葉の中部・関東地方には連続刺突文を特徴とする土器群があり，研究が進められてきたが，型式内容の把握，編年体系の整備に混乱が生じた。このため勝坂・阿玉台式の型式内容までもが不統一となり，両土器型式の分布圏の設定，文化的・社会的側面の研究などを困難にしている。

本論文は型式学的分析からまず成立期の阿玉台式土器と勝坂式土器を整理し，時期設定を行なった。ついで両者の分布圏を設定して土器に見られる交流のあり方を検討し，文化圏としての実体を探る基盤とすることを試みた。

土器群として阿玉台式土器（A群），勝坂式土器（B群），折衷土器（C群），縦区画土器（D群），北陸系的な土器（E群）を摘出し，A・B群土器について，文様要素・文様帯構成・口縁部文様区画の 3 つの要素とその組み合わせのあり方の分析から I～VI 期の時期設定を行ない，住居址出土例から

もその編年の妥当性を確認した。両群土器の編年対比を要素の共通性，折衷土器の分析，地文のあり方などから検討した結果，両群土器は五領ケ台式の中から互いに密接な関係をもちつつも独自に展開してきたことが判明した。

つぎに両群土器の分布をみると第 I 期では両群土器は混在するが第 II～III 期に A 群は東，B 群は西にわかれ，以後次第に集落の数を増しながら，A 群土器は海沿いに西進，B 群土器は川沿いに東進し，その分布が重なっていく傾向が認められる。また各群土器のあり方から，A 群土器主体の霞ケ浦周辺地域，B 群主体の諏訪湖周辺地域，A 群主体 B 群混在の東京湾岸地域，B 群主体 A 群混在の多摩地域の各地域性が示された。各地域は埋甕炉や遺跡のあり方，その他の文化遺物からも特徴づけられ，また埋甕炉の伝播など，地域間の様様な交流が考えられる。該期の複雑な様相は今後種々の視点からの検討が必要である。　（小林謙一）

高橋護

組帯文の展開と特殊器台

岡山県立博物館研究報告　5
p. 1～p. 27

弥生時代終末期の埋葬遺構にともなって発見される特殊器台は，弥生時代から古墳時代への転化の時期を解明する鍵をにぎる遺物として注目されてきた。

特殊器台のような特殊な遺物の編年にあたって，個々の資料間にみられる文様構成や，形態の変化をもって配列することは，編年のための作業仮説としては意味をもつこともあるが，この配列は直ちに年代的変化を示すものではない。したがって，伴出する土器の細分編年を基にして特殊器台の年

代決定を行なうことが必要であり，その結果は，これまで一般に考えられていた編年とはやや違った結果が得られる。

特殊器台は，特有の文様で装飾されていることでも注目されてきたが，これらの文様を組帯をモチーフとした文様構成として体系的にとらえることによって，多様な展開を示す文様変化を統一的に理解することができる。

組帯文の諸変化を，さきの伴出土器による編年と対照したとき，これらの文様の多様性が，経年的に変化した年代的変化として現象するのでなく，多くの変化が初期の段階で，同時期の多様性として展開したものであり，新しい段階で特定のモチーフに集中するといった変化を示していることが明らかになる。組帯文の分析から，この文様が極めて特殊な意味付けのされていた文様であることが明らかにされた。

特殊器台を用いる送葬儀礼は，これまで死者に対する供献儀礼としての視角からのみ考察され，解釈するのが通例であったが，組帯文の示す特殊性や特殊器台，特殊壺の製作工程から，これとやや違う理解を求めた。それは送葬儀礼の行なわれた場に，一般の送葬と違った儀礼の設定がなされたものと解し，儀礼における神の顕在化を想定するものである。これは，首長権の継承にあたって，神としての祖霊の介在が強く求められる社会的要因の成立と深く関わっているのであろう。　　（高橋　護）

滝瀬芳之
円頭・圭頭・方頭大刀について
日本古代文化研究　創刊号
p.5〜p.40

わが国で発見される装飾付大刀のうち円頭・圭頭・方頭の柄頭をもつ大刀は，古墳遺物研究の対象として取りあげられることが少なかった。本論はこれらを分類・編年することによってその意義を明らかにしようとしたものである。

まず柄頭・柄間・鐔・鞘・佩用方法の小分類を行ない，それらを構成して全体を分類する方法をとった。柄頭は単にその外形だけでなく，装着の方法を重視した。編年は須恵器など年代の判別できる遺物との共伴関係から，ある程度の大まかな変化をとらえ，個々の刀装の比較検討を経たうえで最終的な編年を試みた。その結果，円頭大刀の出現をⅠ期（5世紀後半〜6世紀後半），円頭・圭頭大刀の発展をⅡ期（6世紀末〜7世紀前半），円頭・圭頭大刀の衰退と方頭大刀の出現をⅢ期（7世紀中葉以降）と位置づけることができた。

結論の要点をまとめると次のようになる。5世紀後半から朝鮮で製作されるようになった円頭大刀は6世紀前半に日本に出現する。その当初は舶載品であったが，6世紀後半頃までに徐々に国内で製作されるようになる。それは畿内政権が地方支配体制確立の手段として，円頭大刀を利用したためと考えられる。6世紀末から7世紀にかけて圭頭大刀が東国を中心に急速に盛行しはじめる。圭頭大刀は円頭大刀の日本定着の過程のなかで派生したものと理解され，その需要の拡大に伴い，大量に生産された。これはその価値がより一般化・多様化したことを物語っている。7世紀の中頃を境に，かわって方頭大刀が出現するが，やはり下賜される象徴的な武器という基本的な性格に変化はなかったと思われる。なお，鉄製の柄頭をもつ大刀は，他のものと異なった性格をもっていた可能性が指摘できる。　　（滝瀬芳之）

大川　清
造東大寺司造瓦所の実態
国士館大学文学部人文学会紀要　16号
p.57〜p.68

天平宝字年間の造東大寺司造瓦所に関する正倉院文書を中心に，その文書の理解から同司造瓦所の実態について考察した。3つの告朔解によって，瓦工，仕丁などの上日数を割出し，瓦工1人に対して仕丁2人という割合が判明する。作物能率については，作業の内容理解をもって，瓦工，仕丁の人員配分を推測した。文書中の「修理・掃浄瓦屋」については冬季の防寒小屋掛の解体と，それに伴う清掃であると考えた。また，操業は作瓦と焼瓦が隔月に実施されたものと推察した。

本論文の中心をなす部分は，焼瓦に関する事項である。焼瓦については，延喜木工寮式の作瓦規定の理解を根底にふまえる必要がある。従来，多くの先学は，この規定の「作瓦窯十烟　工四十人　夫八十人……」を「作二瓦窯十烟一」と国史大系本に従って読んでいることと，「十烟」を「窯十基」と解し，築窯としているから，正しい理解に到達していない。つまり，式の規定は「工四人　夫八人」をもって「一烟」にあてる。「一烟」というのは，一回の火入れで，瓦窯何口（基）に対するものであるかが問題である。また，造瓦所の文書中に「焼瓦」と記されたものは，窯詰，火入（焼成），窯出の作業が内包されている訳で，式の「一烟」も同様の作業内容が含まれている。そこで，「焼瓦」の作業工程の配分について，実験研究の経験を基にして，第一日は「工1人・仕丁2人」で窯詰作業，第二日は「工2人・仕丁4人」早出・夜業（2日分）で焼成，第三日は「工1人・仕丁2人」で窯出，と考察した。さらに，造瓦所における「一烟」の焼瓦数は約1,200枚で，この数量を一時に焼ける瓦窯は当時なかった。造瓦所の瓦屋は春日大社の一の鳥居の南，いまの荒池のほとりで，永承年中に発掘されて5口の窯を得ているから，天平宝字頃の瓦窯も5口または4口で操業していたものと考えられ，それらが同時に火入れされたものであった，と考えられる。　　（大川　清）

文献解題

岡本桂典編

◆**肥後古代の寺院と瓦** 廣瀬正照著 廣瀬正照遺稿集刊行会刊 1984年3月 A5判 154頁

　28歳の若さで急逝された廣瀬氏の遺稿集で，氏の研究対象とされた歴史考古学の論稿よりなる。

◆**札幌市文化財調査報告書 XXVII—T464・465・466・468遺跡** 札幌市教育委員会刊 1984年3月 B5判 363頁

　札幌市豊平区の月寒川の支流，ラウネナイ川の左岸（T464〜466遺跡），月寒川の支流の吉田川左岸（T463遺跡）に位置する遺跡である。調査区より縄文中期末葉から後期初頭とされる住居跡，晩期の住居跡および土壙・溝状遺構・炭窯が検出され，これに伴う土器・石器が出土している。

◆**熊野堂遺跡第III地区・雨壺遺跡**—県道柏木沢・高崎線改良に伴う埋蔵文化財発掘調査報告書 群馬県埋蔵文化財調査事業団刊 1984年2月 A5判 422頁

　群馬県高崎市の榛名山東南麓と前橋台地の接点，井野川左岸台地上に立地する遺跡である。熊野堂遺跡第III地区では弥生時代から平安時代の主居跡20軒と中世居館跡，雨壺遺跡では，縄文時代から平安時代の住居跡90軒と掘立柱建物跡10棟などが検出されている。遺物は木の葉形尖頭器・特殊円面硯と多数の土器・石器が出土している。

◆**栃原岩陰遺跡発掘調査報告書**—昭和58年変— 信州大学刊 1984年3月 B5判 82頁

　長野県の南東部，南佐久郡北相木村栃原に所在する岩陰遺跡である。縄文時代草創期から早期の住居，キャンプ，墓地として知られる遺跡で，石組炉・焼土・配石遺構などが検出されている。これら遺構に伴う土器・石器・骨角器は，編年的研究，生活活動を知る貴重な資料を提供している。

◆**恭仁宮跡発掘調査報告 瓦編** 京都府教育委員会刊 1984年3月 A5判 161頁

　京都府相楽郡加茂町に所在する恭仁宮跡より検出された瓦類の報告である。

◆**丸山遺跡発掘調査報告書** 花大考研報告2 鳥取県三朝町教育委員会刊 花園大学考古学研究室編 1984年1月 B5判 303頁

　鳥取県の中央部の東伯郡三朝町を流れる三徳川と加茂川の合流地点の緩傾斜面に立地する遺跡。検出された遺構は住居跡36軒，土壙94基，古墳9基，土壙墓4基，掘立柱建物跡などで，弥生時代中期から平安時代に至るものである。

◆**芳原城跡発掘調査報告書**—高知県吾川郡春野町中央地区県営圃場整備事業に伴う埋蔵文化財発掘調査報告書— 高知県教育委員会刊 1984年3月 B5判 158頁

　高知県のほぼ中央部の吾川郡春野町の芳原と西分の境界に位置する城跡である。堀と推定される地域約3,000m²の調査で土器片25,700余点，農具・護符・陽茎など木製品250点が検出されている。城の機能時期は15世紀後半と考えられる。堀は検出されていないが，低湿地が堀の機能を有していたと推定されている。

◆**安心院 宮ノ原遺跡** 安心院町教育委員会刊 1984年3月 B5判 130頁

　大分県の北部を流れ，周防灘に注ぐ駅館川中流の宇佐郡安心院町に位置する遺跡である。弥生時代前期から古墳時代前期におよぶ住居跡，円形または方形の貯蔵穴，土壙墓，甕棺墓，溝状遺構などが検出されている。遺物はこれらに伴う多数の土器・石器・土製品・銅鏃，鏡片などが出土している。

◆**北方文化研究 第15号** 北海道大学文学部附属北方文化研究施設 1984年1月 B5判 224頁

擦文文化といわゆる「アイヌ文化」の関係について………大井晴男

◆**北方文化研究 第16号** 1984年3月 B5判 163頁

堅穴住居の廃用と燃料経済
………………………渡辺仁

The Customary Tooth Evulsion Among the Jomon People in Hokkaido………Dodo Yukio
Mitsuhashi Kohei

岩石学的方法による土器の分類と製作地推定の試み
………天野哲也・大場孝信

◆**北海道考古学 第20輯** 北海道考古学会 1984年3月 A5判 144頁

特集：北海道考古学・回顧と展望
先土器時代………………矢島國雄
縄文時代前半期…………林謙作
縄文時代後半期…………鷹野光行
続縄文文化前半期の研究成果と今後の課題—とくに，石狩低地帯の調査成果を中心にして—
………………………石橋孝夫
擦文文化研究の諸問題…吉崎昌一
アイヌ考古学をめぐる諸問題
………………………藤本強
道南の縄文前期土器群の編年について…………………大沼忠春
室蘭市水元遺跡出土の石製品について……………………長沼孝
千歳市根志越3遺跡調査概報—千歳川流域で発見された丸木舟について—…………田村俊之

◆**東北学院大学東北文化研究所紀要 第15号** 東北学院大学東北文化研究所 1984年3月 B5判 212頁

仙台市蟹沢中瓦窯跡の調査—第2次調査概報—…………渡邊泰伸

◆**東北学院大学論集 第14号** 東北学院大学文経法学会 1984年3月 A5判 172頁

本州北端の製塩遺跡……加藤孝

◆**埼玉県立博物館紀要 10** 埼玉県立博物館 1984年3月 B5判 140頁

県立博物館が所蔵・保管する比企

郡出土の形象埴輪について
　　　………………金井塚良一
須和田式土器の再検討…関　義則
美里村河輪神社境内出土の弥生土
　器…………………………柿沼幹夫
◆国立歴史民俗博物館研究報告
第3集　国立歴史民俗博物館
1984年1月　B5判　371頁
弥生時代九州の居住規定
　　　…………………………春成秀爾
箸墓古墳の再検討
　　　……白石太一郎・春成秀爾
　　　杉山晋作・奥田　尚
群馬県お富士山古墳所在の長持形
　石棺…………………白石太一郎
　　　杉山晋作・車崎正彦
古代宮都中枢部の変遷について
　　　…………………………阿部義平
古代の"印仏"について
　　　………………………田辺三郎助
民具研究の軌跡と将来
　　　………………………岩井宏實
縄文時代土偶の情報構造に関する
　基礎的考察―情報正規化を中心
　として……………………八重樫純樹
　　　小林達雄・野口正一
◆国士館大学文学部人文学会紀要
第16号　国士館大学文学部人文学
会　1984年1月　B5判　162頁
造東大寺司造瓦所の実態
　　　…………………………大川　清
◆駿台史学　第60号　駿台史学会
1984年2月　A5判　172頁
先土器時代研究上の2，3の問題
　　　…………………………杉原荘介
日本先土器時代文化研究の道標―
　杉原荘介教授の業績とその学史
　的位置―…………………戸沢充則
日本細石器文化の出現…加藤晋平
日本細石器文化の地域性
　　　…………………………橘　昌信
細石器文化組成論………織笠　昭
細石器文化の遺構………辻本崇夫
日本細石器文化の終末…米村　衛
日本の細石器文化………安蒜政雄
物質的事象としての搬出・搬入，
　模倣製作…………………小杉　康
◆法政考古学　第9集　法政考古
学会　1984年3月　A5判　76頁
北武蔵における埴輪生産の展開
　　　…………………………飯塚武司
赤色塗彩土師器坏の消滅について

　　　………………………鶴間正昭
韓国出土の青銅製銙帯金具資料
　　　…………………………伊藤玄三
◆立正大学文学部論叢　第79号
立正大学文学部　1984年3月　A
5判　203頁
横口式石榔考―築造企画による終
　末期古墳への接近―……池上　悟
◆考古学雑誌　第69巻第3号
日本考古学会　1984年3月　B5
判　124頁
北上川流域における晩期前葉の縄
　文土器……………………須藤　隆
帆立貝形古墳について…櫃本誠一
西晋以前の中国の造瓦技法につい
　て…………………………谷　豊信
青森県松石橋遺跡から出土した弥
　生時代前期の土器
　　　市川金丸・木村鉄次郎
◆東海史学　第18号　東海大学史
学会　1984年3月　A5判　85頁
南関東地方の弥生中期編年研究に
　ついて―王子台遺跡を中心に―
　　　…………………………大島慎一
◆歴史と構造―文化人類学的研究
第12号　南山大学大学院文化人類
学研究室　1984年3月　106頁
中国新石器時代の稲作について
　　　…………………………杉浦裕作
高霊池山洞古墳，32～35号墳，
　44・45号墳，石室プランの変遷
　について…………………木村光一
エチオピア，ハダール地域出土石
　器とそれに関連する周辺の問題
　について…………………山崎恒哉
高句麗壁画古墳の民俗的解釈
　　　…………………………坂倉正康
土偶の機能および用途研究に関し
　て…………………………柴田康博
高霊池山洞古墳群に関する一考察
　―陶質土器を中心として―
　　　…………………………松原隆治
◆石川考古学研究会々誌　第27号
石川考古学研究会　1984年3月
B5判　125頁
金沢平野における過去二万年間の
　古環境―北陸の人類紀における
　考古学的遺跡の環境変遷（1）
　　　…………………………藤　則雄
上山田貝塚第4次発掘調査出土の
　フン石について……小金沢正昭
　　　高杉欣一・平口哲夫

鳥屋町良川北古墳群を中心とする
　分布調査報告…………唐川明夫
河北郡高松町若緑地内新発見の須
　恵器窯について………花塚信雄
七尾市古府町周辺における古瓦の
　供給―国分廃寺（「能登国分寺
　跡」）を中心とした供給体制
　　　………………………木立雅朗
能登中世荘園村落における信仰―
　穴水町西川島遺跡群の調査から
　　　…………………………四柳嘉章
能登七尾市崎山の縄文遺跡につい
　て……崎山栄二・田辺政期ほか
七尾南湾周辺の縄文中期初頭の2
　遺跡について…………津田耕吉
◆福井考古学会会誌　第2号　福
井考古学会　1984年3月　B5判
126頁
自説　魏志倭人伝………南　久和
美浜町内出土の後期弥生式土器と
　土師器……………………山口　充
福井市菖蒲谷B遺跡採集の土器に
　ついて……魚谷鎮弘・古川　登
三角縁神獣鏡の一考察―三神三獣
　鏡を中心として……白崎昭一郎
福井県吉田郡松岡町泰遠寺山古墳
　の埴輪について………古川　登
円筒埴輪成形技法の一断面―基部
　のつくり方について…荻野繁春
篠尾廃寺及び篠尾窯跡出土軒丸瓦
　の特殊製作技法について
　　　…………………………久保智康
福井市九十九橋下遺跡の陶磁器に
　ついて……………………田中照久
◆古代文化　第36巻第2号　古代
学協会　1984年2月　B5判　44
頁
A Short History of Polish Ar-
chaeology
　　　………Konrad Jaźdźewski
◆古代文化　第36巻3号　1984年
3月　B5判　46頁
日本先土器時代における敲石類の
　研究（下）―植物食利用に関す
　る一試論―………………黒坪一樹
◆史想　第20号　京都教育大学考
古学研究会　1984年1月　B5判
188頁
近江の考古学近況（各時代の概
　観）………林　正俊・松浦俊和
　　　田中勝弘・林　博通・中井　均
いわゆる近江型土師器に関する一

・二の問題…………田中勝弘
ミニチュア炊飯具形土器論—古墳時代後期・横穴石室墳をめぐる墓前祭祀の一形態—…松浦俊和
湖西南部の古墳時代後期について
……京都教育大学考古学研究会
大津市滋賀里百穴古墳群について
Ⅱ…京都教育大学考古学研究会
近世前期における城郭遺跡について—元亀2年・比叡山焼き打ち前後の城郭を中心として
…………………吉水真彦

◆関西大学考古学等資料室紀要
第1号 関西大学考古学等資料室
1984年3月 B5判 123頁
新宮市神倉神社ゴトビキ岩下出土の銅鐸…………横田健一
徳島県犬伏旧釈迦堂出土瓦経の復原研究（二）—『仏説観普賢菩薩行法経』について……網干善教
漢式鏡の銘文の一二—日有喜・絜精白・七子九孫銘—…小野勝年
関西大学考古学等資料とその恩人たち…………………角田芳昭

◆史泉 第59号 関西大学文学部史学・地理学会 1984年2月 A5判 56頁
葛城山東北麓における初期群集墳の展開…………………伊藤雅文

◆ヒストリア 第101号 大阪歴史学会 1983年12月 A5判 176頁
布留式土器に関する一試考—西摂平野東部の資料を中心として—
…………………柳本照男
旧石器時代における「移動」について…………………山口卓也

◆大手前女子大学論集 第17号
大手前女子大学 1983年11月 B5判 271頁
豊臣秀頼の社寺造営とその遺構
…………………藤井直正

◆大阪文化誌 第17号 大阪文化財センター 1984年3月 B5判 90頁
法隆寺中東院出土中世土器の分析
…………………菅原正明
四国系土器群の搬出……岩崎直也
「搬入土器」研究の課題—巨摩・瓜生堂遺跡報告の検討から—
…………………藤田憲司
伊賀惣国一揆の構成者像—中世城

館築造主体の性格をめぐって—
…………………山本雅靖
久宝寺遺跡南地区（その2）出土の船………赤木克視・一瀬和雄
木棺状木製品について…小野久隆

◆奈良大学紀要 第12号 奈良大学 1983年12月 B5判 353頁
古代染色の化学的研究 第12報
柴根染め改良法について
…………………新井 清
集落と理解への試み—エクスノアーケオロジーからの示唆
…………………酒井龍一
韓式系土器についての予察
…………………植野浩三
屋敷と家屋の安寧に—そのまじない世界…………水野正好

◆古代研究 27 元興寺文化財研究所 1984年3月 B5判 68頁
七支刀の製作年代………稲田 晃
伊賀における中世城館の形態とその問題…………山本雅靖
長尾遺跡の梵鐘鋳造跡…林 博通
多可寺址出土の梵鐘鋳造遺構
…………………神崎 勝
鉾ノ浦遺跡梵鐘鋳造遺構発掘調査速報………山本信夫・狭川真一

◆帝塚山考古学 No.4 帝塚山考古学研究所 1984年1月 B5判 143頁
最近の邪馬台国問題についての動向…………………田辺昭三
群集墳の諸問題…………水野正好
古代豪族の居宅の類型
…………………小笠原好彦
畿内に移住した隼人の遺跡
…………………江谷 寛
神籠石に関する諸問題
…………………北垣聰一郎
インド仏教彫刻と石材…山本忠尚
インドネシア・中部ジャワの土器作り…………………中村 浩

◆考古学研究 第30巻第4号 考古学研究会 1984年3月 B5判 120頁
旧石器時代武蔵野台地における石器石材の選択と入手過程
…………………稲田孝司
月の輪古墳と現代歴史学
…………………吉田 晶
ヨーロッパ人考古学者の紹介
…………………近藤義郎

日本先史時代と先史学
……グレアム・クラーク
家田淳一・田中裕介 訳
日本考古学の第一印象
……ジョージ・イョーガン
高井健司 訳
日本の行政発掘
……アラン・サヴィル
宇垣匡雅 訳
将来の考古学の課題と前提
……フランツ・シューベルト
小野 昭 訳
日本訪問印象記
……ハルム・ウォーターボルグ
吉村 健・小池幸夫 訳
一般カメラによる写真測量
……木全啓蔵・西村 康

◆徳島考古 創刊号 徳島考古学研究グループ 1983年11月 B5判 48頁
舞子島古墳群調査報告
……徳島考古学研究グループ
阿波郡栩ヶ窪遺跡出土の旧石器
…………………川井豊吉
徳島県立図書館所蔵の森敬介氏資料—徳島市城山貝塚に関する資料—…………………新 孝一
阿南市水井町中野出土の土器
…………………阿部里司
三島古墳群の研究……岡山真知子
同笵・同型瓦について—阿波国分寺跡を中心として—
…………………一山 典

◆史淵 第121輯 九州大学文学部 1984年3月 A5判 259頁
北部九州における弥生時代終末前後の鏡について………田崎博之

◆別府大学紀要 第25号 別府大学会 1984年1月 B5判 123頁
三葉環頭大刀の一例…坂田邦洋
大分県丹生台地発見のキリシタン遺物…………………賀川光夫

◆鹿大史学 第31号 鹿児島大学法文学部史学地理学教室 1984年1月 A5判 71頁
田中堀遺跡出土の口縁部上面施文型の土器について……本田道輝
鹿児島県日置郡吹上町華熟里遺跡出土の炭化米について
…………………上村俊雄

学界動向

「季刊 考古学」編集部編

九州地方

弥生後期〜古墳中期の墓地　日田市清岸寺の草場第二遺跡で九州横断自動車道建設に伴う大分県教育委員会の発掘調査が行なわれ、方形周溝墓2基など弥生時代後期から古墳時代中期にかけての墓跡と弥生時代後期の住居跡1軒が発見された。墓跡は弥生時代後期のカメ棺、箱式石棺、石蓋土壙墓、方形周溝墓と、古墳時代の箱式石棺など計90基で、方形周溝墓からは主体部として周囲を朱色に塗った石棺が発見された。また遺物としては鉇・鉄斧・鉄剣などの鉄器20点と、高さ15cmの小型丸底壺や勾玉・ガラス玉などが発見された。

八女丘陵古墳群から石棚　八女丘陵古墳群には約200基の古墳が確認されているが、この東端にある八女市山内の童男山古墳群11号、12号墳で八女市教育委員会による発掘調査が行なわれた。2基の古墳はともに円墳で、約20mの間隔をおいて並んでいる。11号墳は複式の石室をもち、全体に結晶片岩が敷きつめられており、木製鉄張鐙、須恵器、土師器などが出土、また12号墳は同じ構造の石室だが奥壁上部に約50cmの棚石が設けられていた。石室内からは約100個の破片に破壊された阿蘇凝灰岩製の家形石棺2基が発見された。遺物としては金銅製圭頭太刀柄頭がある。今回の調査で八女地方では珍しい棚石と家形石棺が発見されたことから、八女丘陵古墳群中にも特異な石室をもつ一群があることが確認された。

四国地方

弥生中期の遺構多数出土　愛媛県埋蔵文化財調査センターは松山市道後町2丁目の道後今市遺跡で発掘調査を行なっていたが、弥生時代中期とみられる竪穴状遺構3基、土壙状遺構9基が出土したほか、壺形土器や弥生時代前期の木葉文土器片などが発見された。竪穴状遺構は一辺3〜5mの方形で、うち2基は柱穴も認められるものの全体が発掘できず、住居跡と断定できなかった。残り1基は隅丸方形で柱穴がなく、貯蔵用か工房用の遺構とみられる。土壙状遺構は円形または長円形で、中から壺形土器やカメ形土器が出土した。また竪穴状遺構の一部に、中世になってから新たに掘られたと思われる墓がみつかり、木棺の中から人の顎骨片の一部が、その上から土師器4点の破片が発見された。

中国地方

四隅突出型墳2基　広島県山県郡千代田町有田の県営工業団地造成に伴う蔵の神遺跡の発掘調査で弥生時代後期と推定される四隅突出型墳2基が発見された。広島県埋蔵文化財調査センターによる発掘の結果わかったもので、現場は標高300mの丘陵斜面。尾根伝いに墳墓5基が発見され、うち2基は四隅が張り出していた。いずれも一辺10.4m、高さ1.2mで、主体部は箱式石棺。1墳墓に2基、他の墳墓には6基存在した。斜面と裾部には石を貼りめぐらしており、保存状態は良好だった。

住居跡からミニ銅鏡　ほ場整備事業に伴って岡山県上房郡北房町教育委員会が発掘調査を行なっていた同町上水田の谷尻遺跡で弥生時代の竪穴住居跡19軒がみつかり、うち一辺4.6mの隅丸方形プラン住居跡からミニ銅鏡1面が出土した。直径約3cm、厚さ0.2cmの素文鏡。一緒に出土した土器片から弥生時代終末期のものと推定される。住居跡からこの種の銅鏡出土例は岡山市の百間川遺跡、鳥取県長瀬高浜遺跡などがあるが、全国的にみても類例は少ない。同遺跡は弥生時代から江戸時代まで

の住居跡が複合する遺跡で、そのほか横穴式石室を有する円墳1基もみつかっており、須恵器をはじめ馬具、装飾品など多数の副葬品が出土した。

江崎古墳の測量調査　総社市上林にある江崎古墳の調査が江崎古墳調査団によって行なわれ、全長48〜50mの前方後円墳で、主体部には巨大な横穴式石室をもつなど吉備地方ではこうもり塚古墳に次ぐ有数の大型古墳であることがわかった。同墳は北向きの前方後円墳で、前方部幅30m、後円部直径32mで、周溝の跡が認められた。西側に開口した横穴式石室は全長13.5m、玄室幅2.5m、高さ約3mという立派なもので、埴輪片などから6世紀後半の築造時期が知られた。これは800m離れたこうもり塚古墳（国指定）とほぼ同時期であり、2つの古墳は密接なかかわりをもつものと思われる。

弥生の銅剣約350本出土　島根県簸川郡斐川町神庭の荒神谷遺跡で、広域農道の建設に伴い島根県教育委員会が発掘調査を行なったところ、弥生時代の銅剣約350本がまとまって発見された。剣は地表下50〜60cmの粘土層中から約90本ずつ縦列になって出土したもので、すべて同型式で全長約51cm、最大幅が6.3cmあり、弥生時代中期から後期につくられたとみられる中細形銅剣であることがわかった。保存状態はよい。これまで兵庫県西淡町で13本の一括出土があるが、これほどまとまって出土したのは初めて。全国の合計でも300本くらいの出土しかない。今後さらに広範囲の調査が必要なため、一旦埋め戻された。なお、近くの荘原小学校校庭には中期の神庭岩舟古墳がある。

古墳、中世の墓発掘　鳥取県教育委員会は国体道路の建設に伴って鳥取市徳尾の徳尾古墳群を発掘

調査していたが，古墳時代と中世の墓2基ずつ計4基が発見された。墓ののる丘陵は南北2つのコブ状に分かれており，北側は6.0×4.0mの第1遺構と，5.0×4.5mの第2遺構。いずれも方形で，2基は長さ1m，幅50cmの通路でつながっている。第2遺構の中心部には1.2×0.7mの主体部があり，7世紀前半から15世紀前半の古銭86枚が出土，最も新しいものは室町時代に入ってきた明銭「永楽通宝」だった。主体部の周辺には直径約50cmの柱穴4個があり，東屋の跡とみられる。また南側には前期と中期の古墳各1基があり，中期のものは3.2×1.6mの県下でも最大級の主体部を有していた。内部から器台2点がみつかり，遺体を2体東西に並べていたとみられる。

──────────近畿地方

竹原井行宮跡を発見　『続日本紀』や『万葉集』などにしばしば登場する竹原井行宮はこれまでその所在が不明のままだったが，先ごろ柏原市青谷の大和川右岸河岸段丘上から同行宮跡と推定される遺構が発見された。現地にゴルフ練習場の建設計画が持ち上がったことから柏原市教育委員会が発掘を進めていたもので，凝灰岩の切石による壇上積基壇を有する主要建物（東西21m，南北12m）の周囲から塼を側壁とする溝が発見された。底石には凝灰岩の切石を敷く非常に丁寧な工事手法を施したもの。また主要建物にとりつく石敷遺構が2カ所確認された。いずれもこの建物への進入路と判断される渡り廊下と思われる。さらに渡り廊下の外側に回廊が，回廊の北に築地が存したと考えられる石列が検出された。(1)歴史地理的にみて行宮に最適の地である，(2)建物の配置が左右対照となっておらず寺院跡ではない，(3)瓦に平城京

出土瓦と同笵のもの，難波宮出土瓦と同種のものがある──などから竹原井行宮跡に間違いないとみられている。竹原井行宮は聖武，孝謙，光仁など奈良時代の歴代天皇が難波宮へ行幸する際の中継拠点となった行宮で，その建設時期は8世紀初めとみられている。

飛鳥時代の登り窯　奈良市教育委員会は同市横井町堂所にある横井窯跡を発掘調査していたが，この窯が全長8.5m，幅1.5mの7世紀後半に作られた地下式登り窯であることがわかった。同調査は最近横井窯跡群4基のうちの東側の1基が大がかりな盗掘をうけていることがわかり緊急調査されたもので，天井部，燃焼室の大半は壊され，瓦が盗まれていたが，西壁，煙道の一部は当初のまま残されていた。灰原から煙道頂部までの高さは約5mで，スサの混じった粘土や平瓦を用いて修復するなど堅固に造っていた。出土した瓦片，土器片からみて，当初瓦窯として構築され，修復後須恵器窯に転用されたとみられるが，窯跡のすぐ南にある横井廃寺（飛鳥時代）との関連は今回の調査ではつきとめることができなかった。

古墳時代の高床式建物跡　橿原市高殿町の特別史跡・藤原宮跡で長方形角柱を使用した古墳時代中期の大規模な建物遺構が発見された。奈良国立文化財研究所飛鳥藤原宮跡発掘調査部が第41次調査として進めている東方官衙地区でみつかったもので，建物規模は桁行5間（9m），梁行3間（5.8m）で，すべての柱通りに柱穴をもった総柱式であり，両妻通り中央に棟持柱をもつ。柱穴の大きさは約80cm四方あり，棟持柱を含む15本の柱根が確認された。柱はすべてヒノキの角柱で，棟持柱の大きさは長辺48cm，短辺16cmであり，高さ60cmが残存していた。これらの事実から，長方形の角材

を使った掘立柱の高床式建物で，切り妻の屋根を東西方向にもつ建物であることがわかった。柱穴から5世紀の布留式土器が出土しており，時期も確定した。柱すべてに角柱を用いた古代の建物というのは例がなく，奈良時代の倉庫より大きく立派な造りであることが注目される。

緑釉の蔵骨器　京都府綴喜郡田辺町教育委員会が発掘調査を進めている同町田辺の田辺遺跡（庁舎建設予定地）で，奈良時代初期の炭の詰った土壙内から緑釉陶器片が発見された。直径25cm，高さ22cmの円い壺で，底部に突起状の足，表面には縦と横に数条のタガ模様があった。この時代に緑釉の蔵骨器が使われたことは例がない。また付近から「和同開珎」1枚と平安時代初期の「承和昌宝」14枚，さらに底部に「比佐豆」と墨書された土師器杯も出土した。土師器は蔵骨器とすぐ隣合って出土したことから副葬品とみられているが，この3文字が人名を示すのかどうか判断できない。

大津宮時代の寺院跡　161号西大津バイパス建設に先立って，滋賀県教育委員会が発掘調査を進めている大津市穴太所在の穴太（あのう）遺跡で，大津宮時代に創建され，再建されたとみられる2つの寺院跡が発見された。現場は国鉄湖西線唐崎駅から北へ約400mのところで，2つの寺院跡は同一場所で，その中軸線を約33度かえて重複して検出された。創建寺院跡はかなり削平を受けていたが，西金堂・塔・回廊などを検出し，西金堂の基壇は東西12m，南北14.4mをはかり，瓦積基壇の地覆石が残存していた。塔の場合は，凝灰岩の切石を用いた地覆石が検出され，回廊も西回廊の基壇地覆石が西金堂の西辺より8m西に検出され，幅8mをはかる。寺院中軸線は磁北より約42度東に

学界動向

ふっており，穴太地域の古地割に一致している。なお伽藍配置は川原寺式の可能性が高い。再建寺院は保存状態が良好で，金堂・塔・講堂を検出した。まず金堂は瓦積基壇で，東西 22.8 m，南北 19 m をはかり，建物は礎石抜き跡から3間四面の奈良山田寺の金堂に類似した特異な構造をもつとみられる。塔はかなり削平を受け，瓦積基壇の地覆石を一部残すのみであるが，基壇版築の状況から 14 m 四方と推測される。また講堂は石積基壇で東西 27.6 m，南北 15.6 m をはかり，建物は5間×2間の身舎に四面廂がつき，基壇・礎石ともほぼ完存していた。なお身舎内には仏壇の束石があり，その規模が判明した。再建寺院の中軸線は，磁北より約9度東にふっており，ほぼ大津宮域の地割に一致し，法起寺式の伽藍配置をとっている。出土した遺物は瓦類をはじめ，須恵器・土師器・二彩・緑釉などで，このうち瓦類はごく一部を除いて大津宮時代のものであり，現時点ではごく短期間に創建・再建されたと考えざるを得ない。なお再建寺院は出土遺物より，9世紀初頭まで存続していたことが知られる。

縄文早期の人骨2体 滋賀県坂田郡米原町教育委員会が調査を進めている同町磯の磯山城遺跡で縄文時代早期の人骨2体がみつかり，うち完形の1体は膝を伸ばしたままの珍しい二つ折り屈葬であることがわかった。人骨は縄文早期の粕畑式土器片数百点と，黒曜石片，シカ・イノシシの骨とともに出土したもので，滋賀医科大学の竜野嘉紹教授が鑑定した結果，身長 165 cm 程度の中年男性であることがわかった。歯はかなり磨り減り，脊椎の変形もみられ激しい労働の結果を物語っていた。屈葬法として三つ折りのものは多いが，仰向けにした遺体の足を，真っすぐ伸ばしたまま腰の部分から二つ折りにした屈葬は出土例がない。なおもう1体は下半身部分のみ出土した。

斎宮跡から古銭 6,000 枚 三重県斎宮跡調査事務所が第54次調査を進めている三重県多気郡明和町斎宮の国史跡・斎宮跡で古銭約 6,000 枚が発見された。これは長径 70 cm×短径 45 cm，深さ 30 cm の土壙から発見されたもので，紐に約 100 枚単位で古銭がつなげられていた。ほとんどが宋銭で，621年から作られた唐銭「開元通宝」をはじめ，「治平元宝」「聖宋元宝」「大定通宝」などがあり，最も新しいものは 1209 年の「嘉定通宝」。埋蔵された時期については，鎌倉時代の山茶椀小片が伴出し，「嘉定通宝」の存在から鎌倉時代後半と推定されるが，検出された遺構との関連については現在検討が加えられている。

──────── 中部地方

縄文貝塚から集石遺構 愛知県豊橋市牟呂町字水神 15〜17 番地の水神貝塚で，市の土地区画整理事業に伴い，豊橋市教育委員会（牟呂地区遺跡調査会）が発掘調査を行なった結果，全調査面積 620 m² のほぼ半分，約 300 m² にわたって直径 20〜30 cm の石が点々と集石されているのがわかった。地表下（約 70 cm）の貝層第3面からみつかったもので，この集石の性格についてはわかっていない。同貝塚は三河湾に張り出した牟呂の台地西端の海成段丘上に位置し（海抜 1.5 m），縄文時代晩期前葉に形成されたもの。ハマグリを主体としており，縄文土器片約 4,000 点，石器類 80 点のほか，人の下顎骨の一部，多量の魚骨，鳥骨片などもみつかった。

宮留製塩遺跡を発掘 福井県大飯郡大飯町教育委員会は若狭考古学研究会に依頼して，同町宮留の宮留遺跡と，隣接する浜禰遺跡に 27 ヵ所の試掘溝を掘って調査していたが，古墳時代後期の炉跡数基と製塩土器がみつかった。炉跡は直径 10 cm 前後の石がびっしり並んだもので，石の表面は熱のため赤茶色に焼けていた。製塩土器は浜禰ⅡB式と呼ばれるもの。一方，浜禰遺跡は今回製塩跡から離れた山すそ近くを掘った結果，古墳時代中期の掘立柱の建物跡と彩色された土器片，滑石製模造品などが出土した。また墳丘が削平された後期古墳がみつかり，副葬品として長さ 80 cm の鉄刀や須恵器などが出土した。

須恵器窯と土師器窯が併存 小松市教育委員会が発掘調査を進めている同市戸津町で，須恵器窯と土師器窯が併存したきわめて珍しい窯跡群（戸津古窯跡群）が発見された。標高 30 m の丘陵地に須恵器窯 22 基，土師器窯 17 基，中世の瓷器窯1基が 1〜2 m おきに密集してみつかったもの。須恵器窯跡は半地下式の登り窯で，長さ 10 m 以下のものが斜面中腹から頂上にかけて分布し，土師器窯跡は半地下式の平窯で，直径 2.5 m 以下の楕円形のものが斜面のふもと付近に確認された。さらに須恵質の水煙や宝輪，軒先瓦，硯なども出土した。須恵器は作りが非常に粗雑になっていることから，終末期に位置づけられるものとみられる。

──────── 関東地方

奈良時代の木簡8点 行田市小敷田字桜町の小敷田遺跡から8世紀初頭とみられる木簡8点が出土した。同遺跡は国道 17 号線熊谷バイパスの建設工事に伴って埼玉県埋蔵文化財調査事業団が調査を行なっているもので，竪穴住居跡や掘立柱建物跡などが発見された。木簡は建築廃材の捨て場に使われていた2つの穴から出土した

もので，奈良時代初頭の須恵器，土師器を伴っていた。長さ10cmから39cmのヒノキ製で，書簡文，送り状，収支決算書，手紙の手本などが含まれており，書風や文書構成は飛鳥藤原京跡出土のものによく似ている。送り状には「直上畳廿五絞薦八立薦二枚合百廿枚」，収支決算書には「九月七日……小稲二千五十五束」，手紙の手本には「今貴大徳若子御前頓首拝白云々」と記されていた。

生出塚埴輪窯跡第6次調査　鴻巣市教育委員会は同市東の生出塚埴輪窯跡群の第6次調査を行なっていたが，工房跡と窯跡各1基が新たに発見された。工房跡は一辺7.5mの方形プランで，普通の住居跡に比べてピットが多く，壁際中央に一対の棟持ち柱穴があり，埴輪片・窯土・粘土が出土したことが特徴。工房跡のすぐそばからは地下式の登り窯も発見されたが，窯体は30度の角度をつけ，長さ4m，幅2mもあって，人物埴輪や馬形埴輪など多数の埴輪が出土した。これで同遺跡から発見された埴輪窯跡は合計24基になり，東日本でも最大規模のもので，築窯時期は6世紀中葉～末葉と推定されることから，8kmほど離れた埼玉古墳群への供給窯でないかとみられる。

───── 東北地方

泉市から前・後期旧石器　泉市教育委員会は同市松森字長崎の宅地造成予定地内にある長崎（ながくき）遺跡の発掘調査を進めていたが，前期旧石器時代のものと思われる石器20点と，後期旧石器時代とみられる石器220点を発見した。前期旧石器は地表下70～100cmの礫層から，また後期旧石器は地表下30cm前後の火山灰層から出土した。前期旧石器は剥片が多いが，片面加工の石器，ノッチなど，後期旧石器は石刃，尖頭器などである。材質は前期のものの大半が鉄石英，後期のものが頁岩。現場は仙台市と泉市の境にある小高い丘で，標高43m。

縄文～平安の住居跡30軒　岩手県岩手郡滝沢村教育委員会が発掘調査を行なった同村外山のけやき木の平遺跡で，縄文時代早期，前期，中期，後期，平安時代の竪穴住居跡30軒，配石遺構14基，ピット多数などが発見され，複合遺跡であることがわかった。配石遺構は遺跡群の北寄りに集中しており，2m×4mのものから小さいものでは60cm四方。形は正方形，長方形，正方形の中に石を十字に組んだものと3種類ある。またピットには組石を伴うものが30基あった。遺跡は市兵衛川に注ぐ沢に沿って東西にのびる丘陵の南向き斜面に位置し，山1つ越えた所にはやはり縄文～平安の住居跡が発見された湯舟沢遺跡がある。

縄文中期の集落跡　陸前高田市教育委員会は同市高田町字下和野の貝畑貝塚で第3次の発掘調査を行なっていたが，縄文時代中期末の竪穴住居跡6軒が発見され，昨年度の2回の調査分と合わせて18軒となった。今回の発見で最も大きい住居跡は直径6.7mで，小石を2段にめぐらした複式炉が検出されたほか，小型のミニチュア土器数点が出土した。また25cmくらいの範囲内から磨製石斧11点がまとまってみつかったほか，直径1mほどの貯蔵用ピット数基と土器片数百点が出土した。

縄文前期の大型住居跡　東北自動車道八戸線軽米インターチェンジ入口国道拡幅工事に伴って，岩手県埋蔵文化財センターが発掘調査を行なっている岩手県九戸郡軽米町軽米の大日向II遺跡で，縄文時代前期（埋土および床面より円筒下層a式の土器出土）の大型住居跡や各時代の遺構が発見された。大型住居跡は調査区域の関係で約1/2～1/3しか発掘されなかったが，短軸約7m，長軸約6mの長方形状である。長軸は恐らく14～16m程度になるとみられる。床面は約15cmの段差をもって2段となり，段差部分に主柱穴がある。壁下には周溝が巡り，その中に副柱穴がほぼ等間隔にならぶ。炉跡は長軸中心部に3基確認されている。大型住居跡が北上山地の県北地方で発見されたのは初めてである。そのほか縄文時代後期の住居跡，奈良時代から平安時代の住居跡など約40軒が発見された。

大型の遮光器土偶　岩手県紫波郡都南村手代森にある手代森遺跡で高さ31cmの五体そろった土偶が発見された。大沢川の河川改良工事に伴って岩手県埋蔵文化財センターが調査していたもので，同遺跡からは縄文時代晩期の土器や土製品，石器が数多く出土している。土偶は遮光器型のもので，後頭部と腹部にわずかながら赤色塗彩が認められる。さらにその後，亀形や飛ぶ鳥の形をした中空土製品も発見された。亀形は8.5cm×7cm，鳥形は5cm×4cmで，計5点。亀形は全面に列点文がつけられている。いずれも上下に穴があいているが，笛であったかどうかはわかっていない。

───── 北海道地方

続縄文期の合葬墓　苫小牧市埋蔵文化財センターが発掘調査を進めている同市苫東のニナルカ遺跡で，続縄文時代恵山期の墳墓3基が発見された。墳墓の中にはそれぞれ人骨やその痕跡，漆塗りの弓，琥珀玉などの副葬品があったが，このうち弓が副葬された1基が合葬墓であることがわかった。直径約1.3mの大きさで，弓のほか土器，石鏃など約40点の副葬品とともに，上下の顎骨1点ずつと頭骨，別に下顎骨，歯がみつかり，2体以上を埋葬した跡と推定された。

■第10号予告■

特集　古墳の編年を総括する

1985 年 1 月 25 日発売
総 108 頁　　1,500 円

古墳編年の展望……………………石野博信
遺構・遺物による編年
　　墳丘・内部構造による編年………泉森　皎
　　副葬品による編年………………田中晋作
　　円筒埴輪による編年………………関川尚功
　　土師器による編年………………岩崎卓也
　　須恵器による編年………………中村　浩
地域における編年
　　筑紫（柳沢一男）肥前（蒲原宏行）吉備
　　（正岡睦夫）讃岐（玉城一枝）出雲（前島
　　己基）播磨（櫃本誠一）但馬（瀬戸谷晧）
　　摂津（森田克行）河内・和泉（一瀬一夫）
　　山城（平良泰久）大和（河上邦彦）尾張・
　　美濃（赤塚次郎）伊勢・伊賀（水口昌也）

三河・遠江（中嶋郁夫・鈴木敏則）若狭
（中司照世）信濃（笹沢浩）甲斐（萩原三
雄）上野（石塚久則）武蔵（横川好富）房
総（椙山林継）常陸（茂木雅博）磐城・岩
代（穴沢咊光・生江芳徳）陸前（氏家和典）
古墳の実年代
　　文献史学………………………和田　萃
　　考古学…………………………菅谷文則

＜調査報告＞　大津市穴太廃寺ほか
＜書　評＞
＜論文展望＞
＜文献解題＞
＜学界動向＞

編集室より

◆死という人間にとって最大の関心事は，古今東西にわたって共通のものがある。周囲のひとたちが死んでいく。それは悲しみや追慕の形で深く心に残る。一番衝撃的な事件でありながら，自分はそれに関わることができない。ということで一番身近かで，一番神秘的である。それがさまざまな思想と結びつきながら墳墓の造型につながるといえよう。日本固有の面と，世界に普遍的な面が日本の墳墓のなかに読みとることができたら，本号の企画の一面が実現できたともいえる。　　　　　　　（芳賀）

◆本号の特集は前半で縄文時代から近世に至る墳墓の移り変わりをとらえ，後半ではそのうちの特徴的なものについて詳しく触れることによって，当時の人々の墓に対する思想に迫っていこうとするものである。こうみてくると，実にさまざまな墳墓の形態がとらえられるわけで，大陸からの伝播が如実にうかがわれるものも存在する。
　およそ墓制というものはきわめて保守的なものだとされているが，帰葬などの事実を考えてもうなずけるところがある。形態は変化しても，根底は変わらぬ流れを保っているように思われる。　　　　　　　（宮島）

■ 本号の編集協力者──坂詰秀一（立正大学教授）

1936 年東京都生まれ，立正大学卒業。「シンポジウム歴史時代の考古学」「仏教考古学序説」「歴史考古学の構想と展開」「仏教考古学調査法」「板碑の総合研究」「日本歴史考古学を学ぶ」などの編・著がある。

■ 本号の表紙 ■

二塚山遺跡の墳墓群

　佐賀県三養基郡上峰村字五本谷，神埼郡東脊振村大曲字松葉の通称二塚山にある弥生時代中期～後期の甕棺墓・土壙墓・石棺墓252 基と，6 ヵ所の墓地祭祀とからなる埋葬跡である。副葬品に清白鏡・獣帯鏡などの漢式鏡および仿製鏡6 面，貝製腕輪，鉄剣，鉄鉾，ガラス製玉，土玉がある。ほかに 70 数体の人骨が出土している。
　北部九州の甕棺墓を中心とした埋葬跡の発掘調査例は多いが，本例のように長期にわたって営まれたもので墓地全域を発掘した例は極めて少ない。使用された甕棺の形式・副葬品から約250 年間の営造期が考えられ，このことからこの墓地を営んだ集団の構成は約20人の親族集団と推定されている。　　（高島忠平）

▶本誌直接購読のご案内◀

　『季刊考古学』は一般書店の店頭で販売しております。なるべくお近くの書店で予約購読なさることをおすすめしますが，とくに手に入りにくいときには当社へ直接お申し込み下さい。その場合，1 年分 6,000 円（4 冊，送料は当社負担）を郵便振替（東京3-1685）または現金書留にて，住所，氏名および『季刊考古学』第何号より第何号までと明記の上当社営業部までご送金下さい。

季刊 考古学　第 9 号　　　1984年11月 1 日発行
ARCHAEOLOGY　QUARTERLY　　定価 1,500 円

　編集人　芳賀章内
　発行人　長坂一雄
　印刷所　新日本印刷株式会社
　発行所　雄山閣出版株式会社
　〒102　東京都千代田区富士見 2-6-9
　　　電話　03-262-3231　振替　東京 3-1685

◆本誌記事の無断転載は固くおことわりします
ISBN 4-639-00401-X　printed in Japan

季刊 考古学 オンデマンド版 第9号　1984年11月1日　初版発行
ARCHAEOROGY　QUARTERLY　2018年6月10日　オンデマンド版発行

定価（本体 2,400 円＋税）

編集人　　芳賀章内

発行人　　宮田哲男

印刷所　　石川特殊特急製本株式会社

発行所　　株式会社　雄山閣　http://www.yuzankaku.co.jp

　　　　　〒102-0071　東京都千代田区富士見 2-6-9

　　　　　電話 03-3262-3231　FAX 03-3262-6938　振替　00130-5-1685

◆本誌記事の無断転載は固くおことわりします　　ISBN 978-4-639-13009-3　Printed in Japan

初期バックナンバー、待望の復刻 !!

季刊 考古学 OD　創刊号〜第 50 号〈第一期〉

全 50 冊セット定価（本体 120,000 円＋税）　セット ISBN：978-4-639-10532-9

各巻分売可　各巻定価（本体 2,400 円＋税）

号　数	刊行年	特　集　名	編　　者	ISBN（978-4-639-）
創刊号	1982 年 10 月	縄文人は何を食べたか	渡辺 誠	13001-7
第 2 号	1983 年 1 月	神々と仏を考古学する	坂詰 秀一	13002-4
第 3 号	1983 年 4 月	古墳の謎を解剖する	大塚 初重	13003-1
第 4 号	1983 年 7 月	日本旧石器人の生活と技術	加藤 晋平	13004-8
第 5 号	1983 年 10 月	装身の考古学	町田 章・春成秀爾	13005-5
第 6 号	1984 年 1 月	邪馬台国を考古学する	西谷 正	13006-2
第 7 号	1984 年 4 月	縄文人のムラとくらし	林 謙作	13007-9
第 8 号	1984 年 7 月	古代日本の鉄を科学する	佐々木 稔	13008-6
第 9 号	1984 年 10 月	墳墓の形態とその思想	坂詰 秀一	13009-3
第 10 号	1985 年 1 月	古墳の編年を総括する	石野 博信	13010-9
第 11 号	1985 年 4 月	動物の骨が語る世界	金子 浩昌	13011-6
第 12 号	1985 年 7 月	縄文時代のものと文化の交流	戸沢 充則	13012-3
第 13 号	1985 年 10 月	江戸時代を掘る	加藤 晋平・古泉 弘	13013-0
第 14 号	1986 年 1 月	弥生人は何を食べたか	甲元 真之	13014-7
第 15 号	1986 年 4 月	日本海をめぐる環境と考古学	安田 喜憲	13015-4
第 16 号	1986 年 7 月	古墳時代の社会と変革	岩崎 卓也	13016-1
第 17 号	1986 年 10 月	縄文土器の編年	小林 達雄	13017-8
第 18 号	1987 年 1 月	考古学と出土文字	坂詰 秀一	13018-5
第 19 号	1987 年 4 月	弥生土器は語る	工楽 善通	13019-2
第 20 号	1987 年 7 月	埴輪をめぐる古墳社会	水野 正好	13020-8
第 21 号	1987 年 10 月	縄文文化の地域性	林 謙作	13021-5
第 22 号	1988 年 1 月	古代の都城―飛鳥から平安京まで	町田 章	13022-2
第 23 号	1988 年 4 月	縄文と弥生を比較する	乙益 重隆	13023-9
第 24 号	1988 年 7 月	土器からよむ古墳社会	中村 浩・望月幹夫	13024-6
第 25 号	1988 年 10 月	縄文・弥生の漁撈文化	渡辺 誠	13025-3
第 26 号	1989 年 1 月	戦国考古学のイメージ	坂詰 秀一	13026-0
第 27 号	1989 年 4 月	青銅器と弥生社会	西谷 正	13027-7
第 28 号	1989 年 7 月	古墳には何が副葬されたか	泉森 皎	13028-4
第 29 号	1989 年 10 月	旧石器時代の東アジアと日本	加藤 晋平	13029-1
第 30 号	1990 年 1 月	縄文土偶の世界	小林 達雄	13030-7
第 31 号	1990 年 4 月	環濠集落とクニのおこり	原口 正三	13031-4
第 32 号	1990 年 7 月	古代の住居―縄文から古墳へ	宮本 長二郎・工楽 善通	13032-1
第 33 号	1990 年 10 月	古墳時代の日本と中国・朝鮮	岩崎 卓也・中山 清隆	13033-8
第 34 号	1991 年 1 月	古代仏教の考古学	坂詰 秀一・森 郁夫	13034-5
第 35 号	1991 年 4 月	石器と人類の歴史	戸沢 充則	13035-2
第 36 号	1991 年 7 月	古代の豪族居館	小笠原 好彦・阿部 義平	13036-9
第 37 号	1991 年 10 月	稲作農耕と弥生文化	工楽 善通	13037-6
第 38 号	1992 年 1 月	アジアのなかの縄文文化	西谷 正・木村 幾多郎	13038-3
第 39 号	1992 年 4 月	中世を考古学する	坂詰 秀一	13039-0
第 40 号	1992 年 7 月	古墳の形の謎を解く	石野 博信	13040-6
第 41 号	1992 年 10 月	貝塚が語る縄文文化	岡村 道雄	13041-3
第 42 号	1993 年 1 月	須恵器の編年とその時代	中村 浩	13042-0
第 43 号	1993 年 4 月	鏡の語る古代史	高倉 洋彰・車崎 正彦	13043-7
第 44 号	1993 年 7 月	縄文時代の家と集落	小林 達雄	13044-4
第 45 号	1993 年 10 月	横穴式石室の世界	河上 邦彦	13045-1
第 46 号	1994 年 1 月	古代の道と考古学	木下 良・坂詰 秀一	13046-8
第 47 号	1994 年 4 月	先史時代の木工文化	工楽 善通・黒崎 直	13047-5
第 48 号	1994 年 7 月	縄文社会と土器	小林 達雄	13048-2
第 49 号	1994 年 10 月	平安京跡発掘	江谷 寛・坂詰 秀一	13049-9
第 50 号	1995 年 1 月	縄文時代の新展開	渡辺 誠	13050-5

※「季刊 考古学 OD」は初版を底本とし、広告頁のみを除いてその他は原本そのままに復刻しております。初版との内容の差違は
　ございません。

「季刊考古学　OD」は全国の一般書店にて販売しております。なるべくお近くの書店でご注文なさることをおすすめしますが、とくに手に入り
にくいときには当社へ直接お申込みください。